IRMINTRAUD F. ECKARD

Bibel kreativ

Eine Fundgrube für Gemeinde und Schule

W0067919

Patmos Verlag, Düsseldorf

Die Bibelzitate sind unter Zuhilfenahme
folgender Übersetzungen verwendet worden:
Die Bibel, Einheitsübersetzung, Altes und Neues Testament,
Herder Verlag, Freiburg 1980
Thompson Studienbibel, Bibeltext nach der Übersetzung
Martin Luthers, Altes und Neues Testament,
Revidierte Fassung von 1984

Die Deutsche Bibliothek – CIP-Einheitsaufnahme
Eckard, Irmintraud F.:
Bibel kreativ : eine Fundgrube für Gemeinde und Schule /
Irmintraud F. Eckard. – Düsseldorf : Patmos Verl., 2000
ISBN 3–491–70324–7

© 2000 Patmos Verlag Düsseldorf
Alle Rechte, einschließlich derjenigen des auszugsweisen Abdrucks sowie
der fotomechanischen und elektronischen Wiedergabe, vorbehalten
1. Auflage 2000
Umschlagbild: Irmintraud F. Eckard
Umschlaggestaltung: Atelier Seidel
Schrift-/Notensatz und Reproduktion: Kontrapunkt Satzstudio Bautzen
Druck und Bindung: Grafo S.A., Basauri
ISBN 3–491–70324–7

INHALT

VORWORT

In einer Zeit der zunehmenden Individualisierung aller Lebensbereiche – und damit auch der persönlichen Wertesetzung – wird es von Bedeutung sein, wie es gelingen kann, Menschen bezüglich ihres eigenen Glaubens als Hilfe zur Lebensgestaltung zu vergewissern und sprachfähig zu machen. Durch theoretisch-abstrakte religiöse Wissensvermittlung allein wird dabei keine tragfähige und haltgebende Verankerung in den Inhalten, Werten und Normen des christlichen Glaubens erreicht werden können.

Zentrale Mitte, Ursprung und Urkunde des Glaubens bleibt die Bibel. Ihre Geschichten und Lebensbilder, ihre Sprache und Kultur sowie ihre Deutemuster für Lebensfragen müssen in jeder Zeit neu aktualisiert und in die reale Alltagssituation übersetzt und übertragen werden.

Von diesem Anspruch sehen sich Pädagoginnen und Pädagogen in Gemeinde und Schule beständig herausgefordert: Wie kann es gelingen, authentisch individuell-persönliche Erfahrungen und zugleich allgemeinverbindlich gültige Traditionen biblischer Überlieferung zusammenzubringen?

Wie können die Glaubenszeugnisse des Gottesvolkes insgesamt und einzelner Nachfolger und Nachfolgerinnen Jesu Christi zu prägenden Vorbildern und nachahmenswerten Lebensentwürfen für uns werden? Die Bibel selbst bietet in der Unterschiedlichkeit der Sprachgattungen ein Beispiel für Kreativität und Vielfalt. Jesus hat sich oft der Brücke von Geschichten und Gleichnissen bedient, um die Zuhörenden zu erreichen. Konkrete „handgreifliche" Berührung und Zuwendung gingen Hand in Hand mit Lehre, Deutung und Unterweisung. Nie beschränkte er sich auf das Wort allein. Sein ganzes Leben redete die *eine* Sprache der Liebe – überzeugt und dadurch andere überzeugend.

Es kann uns im Einsatz von kreativen Methoden in Gemeinde und Schule nur darum gehen, einerseits glaubwürdige Brücken zu den Menschen zu finden, andererseits für sie begehbare Wege zu Glauben, zu Gotteserfahrung und Gotteserkenntnis als freies und offenes Angebot der liebevollen Wertschätzung Gottes zu bauen. In diesem Prozess gibt es nicht Wissende und zu Belehrende, sondern wir sind miteinander als Lernende unterwegs.

Neben aller methodisch-gründlichen Inszenierung von Erfahrungsanlässen bleibt das Angewiesensein auf die unverfügbare Gottesoffenbarung, ohne die auch die beste Methodik und Didaktik fruchtlos bleiben.

Durch den kreativen Ansatz werden altvertraute Inhalte oft überraschend persönlich entdeckt und neue Zugänge für Menschen ermöglicht, die wenig oder gar keinen Bezug zur biblischen Tradition haben.

Die inhaltlich-methodischen Vorschläge dieses Buches bieten Hilfen zur Gestaltung persönlicher Erfahrungsanlässe, um die „Basics" (die Grundlagen und Wesensmerkmale) des christlichen Glaubens wiederzugewinnen, zu vertiefen oder zu befestigen. Diese Basics spiegeln sich in den biblischen Beispielen genauso wie in traditionellen oder modernen Liedern, in Bildern, Gedichten und Musik. Der gewählte Titel „Bibel kreativ" verdeutlicht dabei, dass alle „Spiegel" von Gotteserfahrung und Gotterkennen sich letztlich an der biblischen Überlieferung messen lassen müssen, also keiner Beliebigkeit ausgesetzt sind.

Darüber hinaus wollen die hier beschriebenen Ideen aus der Praxis zu mehr Konzentration und intensiverem Verweilen ermutigen. Nicht die Fülle der behandelten Themen, sondern der je eigene, dichte und berührende Zugang zu persönlichen und gemeinsamen Erfahrungen wirkt bildend und prägend.

Damit dabei die Befindlichkeit, das Erleben oder Erkennen der Einzelnen nicht isoliert, also solitär, bleibt, wird auf die Einbettung und den Austausch in der jeweiligen Gruppe Wert gelegt. So erhält die individuelle Erfahrung ihren Platz als Mosaikstein im bunten Bild von Gemeinde und Gemeinschaft.

Irmintraud F. Eckard

1. ANFANGS-, END- UND ÜBERGANGS-RITUALE

Vorbemerkung:
Stundeneröffnungen und Stundenabschlüsse, gemeinschaftsstiftende Elemente, Anleitungen zur Konzentration und Sammlung um die Mitte, all diese Zeiten im schulischen oder kirchlichen Unterricht brauchen besondere Rituale, um den Raum, den Ort und den Zeitabschnitt, also das Jetzt für Erfahrungen mit Gott (die Lebens-Mitte) zu reklamieren und vorzubereiten.

Die Lerngemeinschaft oder Gruppe wird um diese Mitte versammelt, hörfähig gemacht und eingestimmt auf die Tiefendimension von Begegnung.

Eine Atmosphäre der Ruhe, Freude und Freiheit wird gefördert.

Es gilt die Entwicklung und Entfaltung der Einzelpersönlichkeit im Blick zu behalten und dabei die Gleichwertigkeit der unterschiedlichen Erfahrungen und Ausdrucksmöglichkeiten zu akzeptieren und wertschätzen zu lernen.

Wir wollen einen gemeinsamen Lern- und Erfahrungsabschnitt auch gemeinsam und gesammelt abschließen, indem Wichtiges und Gewonnenes verstärkt oder gefestigt wird.

Die einzelnen Elemente lassen sich in allen Alters-Stufen einsetzen, jede/r muss das für seine/ihre Gruppe und seine eigene Person selbst entscheiden. Nur, was ich für mich persönlich als hilfreich erlebe, kann ich auch glaubhaft und identisch-überzeugend vermitteln. Die vorgestellte Ideensammlung bietet darum eine Vielfalt an Beispielen, Übungen und Anregungen, gleichsam eine Erfahrungsbörse für verschiedene Anlässe.

1.1 Körperübungen zum Ankommen und Präsentsein

Diese Übungen fördern ein bewusstes Wahrnehmen und Achtsamkeit für die eigene Person. Wenn wir uns zu Beginn von gemeinsamen Einheiten Zeit und Raum gönnen für die eigene Wahrnehmung, gelingt auch Gemeinsames leichter.

13

Unsere gewohnten Bewegungsabläufe hängen mit unserer Stimmung, Selbstwahrnehmung und Selbsteinschätzung zusammen. Wir machen uns das nicht bewusst, aber alle Teile sind ein Ganzes. Einen Teil verändern bedeutet immer auf das Ganze einwirken. Ist unser Körper in Harmonie, wirkt es sich auch auf Seele und Geist aus.

Vier Übungen (zu leichter Hintergrundmusik):

Einladung zum stillen Herumgehen im Raum.
Nach einer Weile fragt die/der Anleitende:
*„Wie **geht es** dir?"*
    Wie gehe ich,
    welche Muskeln sind angespannt,
    wie liegt meine Zunge im Mund dabei,
    wie halte ich meinen Unterkiefer,
    wie ist die Haltung meines Rückens,
    wo befinden sich meine Arme,
    habe ich eine Richtung, ein Ziel?
    *Wie **geht es** mir?*

Aufforderung, am Platz stehen zu bleiben.
Nach einer Zeit des ruhigen Stehens:
*„Wie **stehst du** im Leben?"*
    Wieviel Fläche meiner Fußsohlen berührt den Boden
    (habe ich Boden unter den Füßen),
    sind meine Knie durchgedrückt,
    wie befinden sich meine Schulterblätter zueinander,
    wie weit stehen die Füße auseinander ...?
    *Wie **stehe ich** im Leben?*

Möglichkeit, sich auf den Boden zu legen.
*„Wie ist **deine Lage** zur Zeit?"*
    Wie liege ich auf dem Boden,
    wo sind Hohlräume,
    wo spüre ich den Boden,
    wie berühren meine Schultern den Boden,
    meine Arme, meine Hände, meine Beine, meine Füße,
    mein Kopf,
    möchte ich meine Lage verändern,
    wie fühlt sich das dann an ...?
    *Wie ist **meine Lage?***

Aufforderung zum Aufstehen und auf einen Stuhl setzen.
„Wie (ge)wichtig bist du?"

> Wie sitze ich auf dem Stuhl,
> welcher Teil des Körpers trägt mein Gewicht,
> wieviel Gewicht liegt auf den Füßen,
> und wenn ich mich etwas nach vorne / hinten beuge,
> wie verändert sich mein Gewichtsgefühl,
> wo wird das Gewicht meines Kopfes getragen ...?
> **Wie wichtig bin ich?**

1.2 Hören, Mitsingen und Gestalten von Liedern durch Tanz und (Ausdrucks-) Bewegung, unterstützt durch bunte, leichte Tücher zu biblischen Kernaussagen

<u>Ausgangssituation:</u> Jede/r Teilnehmer/in bringt etwas von draußen mit (Blüten, Äste, Steine, Kugelschreiber, Papierfetzen ...), damit legen wir die Kreuzform-Mitte gemeinsam; eine blaue Schale mit weißen Satinstreifen auf blau-weißen Tüchern, verschiedenen blauen Glassteinen und drei blauen Teelichtern ist als Vorgabe bereits gelegt.
Zum Singen stehen wir im Kreis um eine Kerze oder unser gelegtes und gestaltetes Kreuz am Boden (die Aufgabe der Gestaltung kann jedesmal von einer/m anderen übernommen werden).
Ein ausgewähltes Lied begleitet uns mindestens vier Wochen.
Zu jedem Lied gehört ein Eröffnungsvers, den wir gemeinsam sprechen (meist ein Psalmwort).

Verse zum Thema ANFANG / ENDE:
> *„Ich will dich segnen und du sollst ein Segen sein"*
> *„Ich will mit dir sein und dich segnen"*
> *„Der Herr segne dich und behüte dich"*

Lieder zum Thema ANFANG / ENDE:
> *„Ausgang und Eingang"* (EG 175)
> (dazu eignet sich ein ruhiger Schreittanz: 4 Schritte vor, Wiegeschritt vor – zurück)
> *„Komm, Herr, segne uns"* (EG 170)
> (Mögliche Bewegung dazu: Im Kreis stehen mit angewinkelt nach oben gestreckten Armen, die kleinen Finger berühren sich. Langsam strecken wir die Arme weiter nach oben und senken sie langsam ab.)

Verse zum Thema HÄNDE:

„Gott, unser Vater, von allen Seiten umgibst du mich und hältst deine Hand über mir"

„Gott, fördere das Werk unserer Hände"

„Gott, wir alle sind deiner Hände Werk"

Lieder zum Thema HÄNDE:

„Gottes Hände sind wie ein großes Zelt" (Gottes Liebe ist wie ein großes Zelt, auf MC: Gib mir deine Hand, Studiogruppe Baltruweit, Dagmar Kamensky Musikverlag, Hamburg 1989)

Dazu stehen wir im Kreis. Mit den Händen oder mit einem großen Tuch (z.B.: Moskitonetz, Vogelnetz für Bäume o.Ä.) bilden wir sichtbar um uns ein Zelt.

„Siehe, in meine Hände habe ich dich gezeichnet" (Liederbuch der Christusträger-Schwestern, Hergershof)

Zur Einstimmung machen wir eine Händeübung: Wir reiben, tasten, falten, drücken, fahren Linien nach ..., bis die Hände warm sind. Mit offenen Händen stehen und singen wir das Lied.

Verse zum Thema MORGEN:

„Er weckt mich alle Morgen, dass ich höre"

„Gott ruft der Welt vom Aufgang der Sonne"

Lieder zum Thema MORGEN:

„Morning has broken" (EG 455)

„Vom Aufgang der Sonne" (EG 456)

Bewegungen dazu können mit weit ausholendem Kreisen die Sonne beschreiben, beim Loben werden die Arme mit geöffneten Händen nach oben geführt.

Verse zum Thema LICHT:

„Sende dein Licht und deine Wahrheit, dass sie mich leiten"

„Dein Wort ist ein Licht auf meinem Weg"

„Herr Jesus Christus, du bist das Licht der Welt"

Lied zum Thema LICHT:

„Ein Licht geht uns auf" (EG 557)

Bewegungen dazu:

Strophe 1: Aus gebückter und verkrümmter Haltung richten wir uns langsam auf.

Refrain: Ruhig im Kreis gehen, gefasst oder frei.

Strophe 2: Mit dem rechten Arm beschreiben wir einen großen Bogen vor dem Körper und strecken ihn dann nach rechts-unten aus und deuten einen Weg an.

Strophe 3: In kleinen Kreisen schwingen wir die gefassten Arme und wiegen hin und her.

Verse zum Thema SAMMLUNG:
„Sammelt euch alle und hört"
„Seid still und erkennt, dass Gott ist"

Lied zum Thema SAMMLUNG:
„Gott ist gegenwärtig" (EG 165)
(Tüchertanz zur Mitte hin – siehe: Kapitel „Tücher")

1.3 Liedtexte zu meditativer Musik sprechen

Das gemeinsame Sprechen eines Textes unterstreicht die Zusammengehörigkeit, fordert uns zur Übereinstimmung in Lautstärke und Tempo heraus und fördert so das Aufeinander-Achten.

Die vorgestellte Übung sollte über einen längeren Zeitraum praktiziert werden, sodass sich eine Gewöhnung ergeben kann. Oft wird das gemeinsame Sprechen zunächst als schwierig empfunden, bis wir lernen, uns selbst etwas zurückzunehmen und während des Sprechens auch zuzuhören.

Beim Lesen der Texte sollten wir auf deutliches, rhythmisiertes Sprechen achten, zuerst ruhig auf die Musik hören und gleichmäßig atmen, dabei die Hände wie eine Schale in den Schoß legen.

Die regelmäßige Wiederholung, z.B. am Anfang/Ende einer Stunde, vertieft die Aussage.

Ruhige Begleitmusik, die keinen zu starken eigenen Rhythmus aufweist, unterstützt das gemeinsame Lesen und Sprechen.

Beispiel: *Gott des Himmels (EG 445,1 + 5)*
Gott des Himmels und der Erden,
Vater, Sohn und Heilger Geist,
der es Tag und Nacht lässt werden,
Sonn und Mond uns scheinen heißt,
dessen starke Hand die Welt und was drinnen ist, erhält.
Führe mich, o Herr, und leite meinen Gang nach deinem Wort;
sei und bleibe du auch heute mein Beschützer und mein Hort.
Nirgends als von dir allein kann ich recht bewahret sein.

1.4 Drei-Minuten-Malen als Sammlungsphase

„Herz-Malen" zu Instrumentalmusik: Je nach Altersgruppe kann das barocke Tafelmusik, Pop- oder Dancefloormusik sein. Wichtig ist, dass es eine Musik ist, die in der jeweiligen Gruppe eine hohe Akzeptanz hat.

Material: Jede/r erhält ein weißes Blatt Papier DIN A4 oder A3 und eine Packung Wachsmalstifte.

Anleitung: Wenn die Musik beginnt, zeichnet jede/r auf ihr/sein Blatt ein Herz. Während der Dauer der Musik haben wir Zeit, dieses Herz farbig zu gestalten, dabei sprechen wir nicht. Mit dem Ende der Musik endet auch unsere Mal-Zeit. Die gemalten Herzen kommen in eine Sammelmappe, die wir bei jedem weiteren Treffen ergänzen.

Variation: Wir lesen still eine Sammlung von Herz-Psalmversen. Jede/r sucht sich ein Herz-Wort aus, zeichnet mit schnellem Schwung ein Herz nach ihrem/seinem Maß und malt, schreibt, zeichnet den Text in, um oder über das Herz. Wir legen unsere Herzen auf den Tisch.
Nacheinander sprechen wir dazu das von uns ausgewählte Psalmwort.

Beispiele für Herz-Psalmverse:
Du erfüllst mein Herz mit Freude. (4,8 / L)
Mein Herz soll über deine Hilfe frohlocken! (13,6)
Was ich im Herzen erwäge, stehe dir vor Augen. (19,15)
Er schenke dir, was dein Herz begehrt. (20,5)
Mein Herz vertraut ihm. Mir wurde geholfen. (28,7)
Nahe ist der Herr den zerbrochenen Herzen. (34,19)
Freue dich innig am Herrn! Dann gibt er dir, was dein Herz begehrt. (37,4)
Er kennt die heimlichen Gedanken des Herzens. (44,22)
Mein Herz fließt über von froher Kunde, ich weihe mein Lied dem König. (45,2)
Erschaffe mir, Gott, ein reines Herz. (51,12)
Mein Herz ist bereit, o Gott, ich will dir singen und spielen. (57,8)
Schüttet euer Herz vor ihm aus! Denn Gott ist unsere Zuflucht. (62,9)
Ich will dir danken aus ganzem Herzen. (138,1)
Er heilt die gebrochenen Herzen. (147,3)

1.5 Körperübung zum bewussten Öffnen und Schließen

Sich öffnen oder sich verschließen sind (Körper-, Sinnes-, Denk-) Haltungen, wenn wir miteinander in Streit oder Versöhnung leben.

Um ein bewusstes Aufeinanderzugehen zu lernen und zu stärken, gehen wir bei der folgenden Übung einen Teil unseres Körpers nach dem anderen durch, indem wir uns zuerst vorstellen, wie er sich öffnet und wieder schließt, dann führen wir die Bewegung mehrfach im Wechsel zwischen „Öffnen" und „Schließen" aus.
Ruhige Musik im Hintergrund.
Der/die Anleitende gibt die Einsätze vor:

> „Wir denken an unseren **Rücken**": Öffnen und Schließen
> „... unsere **Schulterblätter**": Öffnen und Schließen
> „... unsere **Arme**": Öffnen und Schließen
> „... unsere **Rippen, Brustkorb, Zwerchfell**": Öffnen und Schließen
> „... unsere **Augen, unser ganzes Gesicht**": Öffnen und Schließen
> „... unsere **Beine und Füße**": Öffnen und Schließen
> „... und nun **verbinden** wir eines mit dem anderen in unserem eigenen Rhythmus in dem für uns angenehmen und angemessenen Raum": Öffnen und Schließen.

Wenn wir mit uns selbst einig sind, denken wir intensiv an eine Person, die uns Mühe macht, und üben bewusst das körperliche Öffnen.

1.6 Körpersprache in Gestik und Mimik zur Einbringung und Darstellung der originellen Einzelpersönlichkeiten

Die Zeichensprache des Körpers erfordert Konzentration sowohl im Aus-
üben als auch im Betrachten, es ist gleichsam ein Gebet ohne Worte. Wir sind aufgefordert zu Respekt und Achtsamkeit.
Die hier vorgestellte Mimik-Gestik-Übung kann auch hilfreich sein, wenn wir spüren, dass die individuelle Zuwendung zu den einzelnen Mitglie-
dern einer Gruppe nicht gelingt, wenn ein Defizit an Wahrnehmung und Wertschätzung der verschiedenen Befindlichkeiten gespürt wird oder ein Bedürfnis nach gesteuerter Mitteilung und Anteilnahme vorhanden ist. Sie wird eingeleitet oder abgeschlossen durch ein Bibelwort, das unsere vielerlei menschlichen Empfindungen in den größeren bergenden Raum der Gottesnähe stellt:

> *„Ich sitze oder stehe auf, Gott, so weißt du es"*
> *„Von allen Seiten umgibst du mich und hältst deine Hand über mir"*
> *„Du, Gott, stellst meine Füße auf weiten Raum"*

Die Teilnehmenden stehen im Kreis, selbst geschriebene oder vorgegebene Stichwortkarten liegen in der Mitte; z. B.:

Ich bin froh. Ich bin genervt. Ich bin traurig. Ich bin müde. Ich bin happy. Ich bin enttäuscht. Ich habe Angst. Ich bin hungrig. Ich mag mich. Ich brauche dich. Ich stehe unter Druck ...

Wir wählen jede/r eine Karte aus oder schreiben sie zur aktuellen Situation selbst.

Nacheinander drücken wir unsere Stimmung durch eine einfache Hand- oder Körperbewegung / Mimik und Gestik aus. Zum Abschluss sprechen wir das einleitende Bibelwort gemeinsam (es ist deutlich in großen Buchstaben auf einem gut lesbaren Blatt aufgeschrieben, das die/der Anleitende vor sich hält).

Variation: Wenn eine Gruppe sich z. B. für eine Seminareinheit zusammenfindet und die Teilnehmenden sich nicht kennen, die Zeit begrenzt ist und dennoch eine Vorstellung und Annäherung aneinander gelingen soll, gibt es einen einfachen und hilfreichen Weg: *Die Vorstellungspantomime.*
Die Teilnehmenden sitzen in einem Stuhlkreis. Auf dem Boden liegen auf drei großen Blättern drei Symbole (großzügig und stark farbig mit Wasserfarben gemalt, nicht aus Tonpapier ausschneiden, auch Farbe muss ‚lebendig‘ sein) mit jeweils einem Kurz-Satz:

Rotes Herz – Was ich besonders liebe
Grünes Plus-Zeichen – Was ich gut kann
Blaue Traumblase oder Wolke – Was ich mir wünsche

Jede/r wird aufgefordert, sich eines der drei Symbole auszuwählen und etwas zu ihrer/seiner Person dazu auf vorbereitete Karten aufzuschreiben. Wir hören gemeinsam auf die allen geltende Zusage (sie liegt gut sicht- und lesbar auf einem Blatt in der Mitte):

Gott sagt: „Ich kenne deinen Namen ...,
du bist wertvoll in meinen Augen!“

Nacheinander stellt sich jede/r zu dem von ihr/ihm gewählten Symbol, sagt ihren/seinen Namen und führt pantomimisch vor, was sie/er aufgeschrieben hat.

Die/der rechts anschließend Stehende spricht die Zusage mit Einsetzen des Namens laut für die/den Pantomimen.

1.7 Biblische Spruchweisheiten als Grundlage für meditative Konzentrationswege

Das Gehen mit gleichzeitigem Rezitieren hat eine lange Tradition in der Kirchengeschichte. Es erfordert allerdings etwas Übung, Anleitung und Wiederholung. Wenn es zur leichten Gewohnheit wird, wirkt es beruhigend, sammelnd und klärend. Wir geben uns gleichsam selbst in Gottes Hände mit der Unruhe unseres Denkens, Fühlens und Empfindens. Der rezitierte Text gewinnt tragende Kraft. Solche Fünf-Minuten-Konzentrationswege können zu Oasen für Geist, Seele und Leib werden.

Ein genauer Weg muss zuvor festgelegt und bekannt sein, das ruhige Gehen und Atmen wird geübt. Dabei lassen wir die Harmonie im rhythmischen Sprechen im Chor langsam wachsen, es gelingt meist nicht beim ersten Mal.

Man kann beginnen, indem man zunächst nur nach rechts und links oder vor- und zurückwiegt oder geht. Wichtig: Auf lockere und aufrechte – aber nicht angespannte – Haltung achten.

Beispiele für geeignete Texte (das Luther-Deutsch eignet sich gut, weil es bereits einen rhythmischen Sprachklang besitzt):

„Mit ewiger Liebe habe ich dich geliebt, darum habe ich dich zu mir gezogen aus lauter Güte." (Jeremia 31,3)

„Du bist wertvoll in meinen Augen und ich habe dich lieb ...
Fürchte dich nicht; denn ich bin mit dir." (Jesaja 41,10)

„Meine Stärke und meine Kraft ist der Herr.
Er ist mir zum Retter geworden." (Psalm 118,14)

Anleitung: Wir rezitieren gemeinsam mehrfach (leise) ein solches Bibelwort. Dann gehen wir dabei im Raum herum, zu zweit nebeneinander oder hintereinander her und sprechen es im Chor leise weiter.

1.8 Singen mit Klangbausteinen ohne vorgegebenen Text

Solches Singen gelingt auch in Gruppen, die meinen, sie könnten nicht singen, da es kaum musikalische Begabung voraussetzt. Die begleitenden Instrumente sind Einzeltöne (Klangbausteine), die es in hohen wie tiefen Lagen gibt.

Die Grundlage ist ein einfacher Dreiklang, z. B. C – E – G. Wenn man ein gutes Sortiment (zwei Oktaven mit Halbtönen) besitzt, kann man den Dreiklang, der benötigt wird, auch mit mehreren Tönen besetzen ($2 \times C$, $2 \times E$, $2 \times G$ usw.)

Drei Teilnehmer/innen spielen zuerst den Dreiklang nacheinander auf den Klangbausteinen vor, sodass alle den jeweiligen Ton gemeinsam nachsummen können, dann werden alle drei Töne in einem ruhigen Rhythmus immer wieder angeschlagen (solange die Übung dauert). Jede/r findet dazu seinen eigenen Summ- oder Vokalton und singt einfache Summklänge oder Klangsilben (gong, dum, sim, gang, lun, dong, dschin o.a.); man kann auch einzelne Worte singen (Halleluja, Hoffnung, Ja, Amen u.a.).

Es entsteht ein Gesamtklang, der je nach Intensität an- oder abschwillt. Wir achten auf einen ruhigen Gesamtklang und lassen diesen dann ganz leise ausklingen und in die Stille einmünden.

Für Geübtere bietet sich an, das Summen/Singen der Einzeltöne durch Tonleitern auszufüllen.

Weitere geeignete Dreiklänge: G–H–D oder D–Fis–A. Die Dreiklänge können auch mit Flöten oder anderen Instrumenten vorgegeben werden.

1.9 Übergangsritual zum Abschied: Einander im Herzen behalten / Symbol: Herzauge

Abschied und Loslassen wollen wir nicht nur passiv erleben, sondern aktiv gestalten und so den darin liegenden Segen und das Gute gewinnen und bewahren.

Wir wollen einander nicht aus den Augen verlieren und im Herzen behalten, auch wenn unsere Wege nun teilweise in verschiedene Richtungen auseinander gehen.

Wenn wir aneinander denken, tun wir das verbunden mit unserem Namen. Und wenn wir den Namen erinnern, dann fallen uns viele Dinge ein, die zu dieser Person gehören: wie sie aussieht, was sie mag oder nicht gern hat, was sie kann oder nicht so gut kann, was wir zusammen erlebten usw. All das ist wie ein Schatz, den wir bewahren wollen; denn wir haben einander ein Stück Wegs begleitet.

Anleitung: Jede/r hat ein Symbolblatt mit einem Herz-Auge (ein großes offenes Auge, dessen Pupille wie ein Herz gestaltet ist – siehe S. 23). Das Auge malt jede/r in seiner Augenfarbe aus, das Herz, wie es gefällt.

Jede/r kann in der Gruppe damit herumgehen und andere um die Eintragung ihres Namens bitten.

Aus einer Sammlung aller Namen zieht jede/r einen (nicht seinen eigenen) Namen.

Jede/r vervollständigt den Satz (der für alle kopiert bereitliegt):

Ich denke dankbar an . . . .
Sie/er . . . .
(z. B. sie hat oft lustige Geschichten erzählt)

Wir sitzen im Kreis und verlesen nacheinander unsere Sätze mit einem gemeinsamen Antwortruf, z. B.:

„Wow, gut, dass es dich gibt!"

Unser Bedürfnis nach Wegbegleitung und Mit-Sein wird in dem Lied *„Ich möcht, dass einer mit mir geht"* (EG 209) aufgegriffen.
Wir singen gemeinsam zum Abschied und halten uns (wenn gewünscht) dabei an den Händen.
Mit einem deutlichen und festen Händedruck verabschieden wir uns voneinander.

<u>Hinweis:</u> Die unter „Zeichenhandlungen" beschriebenen Erfahrungsübungen eignen sich fast alle auch als Eröffnungs- oder Abschluss-Rituale.

Herz-Auge

23

2. ZEICHENHANDLUNGEN IM ALLTAG

Vorbemerkung: Zeichenhandlungen, Segens- und Versöhnungsrituale können helfen, die geistliche Dimension unseres Lebens für uns selbst und die Mitglieder unserer Gruppe zu erschließen. In einem Zeichen ist eine Wirklichkeit verdichtet, die im Entfalten des Zeichens erlebt und begriffen werden kann. Begriffe wie Annahme, Versöhnung oder Befreiung bleiben abstrakt und farblos, bis wir sie an uns selbst und in Gemeinschaft mit anderen konkret erfahren.

Es gilt, miteinander zu verschiedenen Anlässen im Schul- oder Gruppenalltag Zeichenhandlungen zu gestalten und zu erleben, was es heißt, angenommen zu sein, Versöhnung zu praktizieren, Abschied zu nehmen und kreativ-praktisch zu segnen. Diese Erfahrungsanlässe sollen den Zuspruch und Anspruch des Evangeliums konkret erfahrbar machen.

Wir nehmen die Herausforderung an, die großen Werte geistlicher Wahrheiten in die kleinen Münzen unserer alltäglichen Lebenswelt umzusetzen.

Alle Vorschläge sind altersübergreifend verwendbar und können für sich allein inszeniert oder als Teil von gottesdienstlichen Feiern eingesetzt werden.

2.1 Erfahrung des Angenommenseins:
Gott hat einen Namen – ich habe einen Namen

Zu Beginn (z.B. eines Schuljahres) wollen wir einander eine tröstliche und ermutigende Gewissheit vermitteln, die deutlich macht, wie wichtig und wertvoll jede/r von uns ist.

Gottes Name „Jahwe" bedeutet: „Ich bin für euch da". Darin liegt das ganz große Ja zu mir als Person, aber noch viel mehr das Ja zu uns als Gottes Volk, als Gemeinschaft.

Die Zusage Gottes an sein Volk Israel gilt auch uns:

> *„Fürchte dich nicht! Ich habe dich bei deinem Namen gerufen;*
> *du gehörst mir!"* (Jesaja 43,1)

24

Mein Name ist Inbegriff meiner Persönlichkeit, umschließt mein Gewordensein und meine Möglichkeiten und Grenzen. Mein Name, das bin ich.

<u>Material:</u> Rotes oder goldenes Herz aus Papier (Samt, als Kissen o.a.), bunte Tonpapierstreifen (3 × 20 cm), Stifte, Text-Sprechblase, Zusage-Blatt (wenn möglich laminiert oder in Folie verstärkt)

In der Mitte liegt ein großes rotes oder goldenes Herz auf blauem Grund, darauf eine Sprechblase:
> *„Ich bin für euch da"*

Jede/r schreibt den eigenen Namen auf einen Papierstreifen. Nacheinander stellen sich alle mit ihrem Namen vor (im Uhrzeigersinn). Eine sagt: Ich heiße ‚Irene' (wenn sie die Bedeutung kennt, ergänzt sie: „das bedeutet ‚Frieden' ").

Die Person im Kreis gegenüber nimmt das Zusage-Blatt und liest vor:
> *„So spricht der Herr, der dich geschaffen hat, Irene: Fürchte dich nicht! Ich habe dich bei deinem Namen gerufen, du gehörst mir!"*

Irene legt darauf ihren Namen zum Herz in der Mitte (im Uhrzeigersinn geht es dann weiter).
(Als Hilfe und Ergänzung liegt ein Vornamenbedeutungsbuch aus.)

2.2 Feier der Versöhnung – Vergebung zeichenhaft erfahren: „Fußwaschung"

Das Miteinander-Unterwegssein bringt bei aller gegenseitigen Ergänzung und Bereicherung doch auch immer wieder gegenseitige Verletzungen und – im biblischen Bild gesprochen – Beschmutzung und Befleckung mit sich, die uns Mühe machen und Gemeinschaft erschweren.
In der Zeichenhandlung: „Fußwaschung" soll zum Ausdruck kommen, dass es bei Gott immer Gelegenheit gibt, wieder ganz rein und frei zu sein und unbeschwert weiterzugehen. Vergebung, die er uns zusagt, verweigern wir auch einander nicht, sie wird vielmehr in der uns gegenseitig zugesprochenen und erwiesenen Vergebung sichtbar und erlebbar.
Nicht immer gelingt es, Störungen, Verfehlungen oder Missverständnisse durch Aussprache und Klärung aus der Welt zu räumen. Die Zeichenhandlung des Füßewaschens in der Form des Schuheputzens bringt unsere Bereitschaft zum Ausdruck, einander zu helfen – nicht von oben herab, sondern von unten, nicht als die Wissenden und Belehrenden, sondern als

die Unterstützenden. Das Tun und die Körperhaltung verdeutlichen hier mehr, als Worte es tun könnten.

Nicht die Beseitigung des „Schmutzes" steht also im Mittelpunkt, sondern die Chance der Reinigung und der Wiedergewinnung des Glanzes.

Material: Um die gestaltete Mitte herum liegen grüne Füße (Paare) aus Tonkarton.

Jede/r nimmt ein Fußpaar und legt es um die Mitte herum ab, um deutlich zu machen, dass er/sie bereit ist, diesen gemeinsamen Weg weiterzugehen – auf die Gefahr hin, aneinander schuldig zu werden.

Lesung: Text aus Johannes 13, (1–17) 12–15

Als Jesus ihnen die Füße gewaschen, sein Gewand wieder angelegt und Platz genommen hatte, sagte er zu ihnen: „Begreift ihr, was ich an euch getan habe?

Ihr sagt zu mir Meister und Herr und ihr nennt mich mit Recht so; denn ich bin es. Wenn nun ich, der Herr und Meister, euch die Füße gewaschen habe, dann müsst auch ihr einander die Füße waschen. Ich habe euch ein Beispiel gegeben, damit auch ihr so handelt, wie ich an euch gehandelt habe."

An verschiedenen Stellen um die Mitte liegen Lappen, Bürsten u. a. Schuhputz-Materialien.

Wir gehen zueinander hin und putzen einander die Schuhe als Zeichen der Weggemeinschaft und der gegenseitigen Bedürftigkeit.

Dazu ist eine meditative Begleit-Musik hilfreich.

2.3 Feier der Erfrischung – Zeichenhandlung: „Wasserschöpfen"

Das Bild der Wüstenwanderung des Volkes Israel erklärt die lebenswichtige Bedeutung des frischen Wassers. Das Unterwegssein macht hungrig und durstig. Oasen sind selten.

Es gibt auch für uns Zeiten des Ausgelaugtseins und der Müdigkeit und Mattigkeit, die in uns eine tiefe Sehnsucht nach Erfrischung wecken.

Erfrischung kann sein, was unsere Seele wirklich nährt und satt macht, was in der Tiefe den Hunger und Durst stillt: vielleicht eine Wanderung, ein Konzert, ein gutes Buch, ein gemütlicher Abend allein oder zu zweit, ein Spielabend mit Freunden, ein gutes Gespräch o. a.

Gemeinsames Leben verlangt immer wieder nach Orten und Anlässen, in denen Erholung und Kräftigung konkret erfahrbar wird. Es tut gut, wenn

Menschen spüren und wahrnehmen, dass wir „Hungrige und Durstige" sind, und sich uns zuwenden mit dem Angebot der Erfrischung.

In der sakramentalen Form der Kommunion geschieht wesenhaft solche Lebensstärkung. In der Zeichenhandlung „Wasserschöpfen" kann es alltäglich erfahrbar werden.

Material: In der Mitte steht ein großer Krug mit kaltem, frischem Wasser oder Mineralwasser und Becher, Gläser und Tücher.

Gottes Zusage in Jesaja 12,3 verspricht:

„Ihr werdet Wasser schöpfen voll Freude aus den Quellen des Heils."

Im jüdischen Gebet um Regen heißt es:

„Du, der wehen lässt den Wind und fallen lässt den Regen
zum Segen und nicht zum Fluch, zum Leben und nicht zum Tod,
zur Fülle und nicht zum Mangel: Schenke uns Erquickung!"

Diese Bitte: „Schenke uns Erquickung" (Erfrischung und Heil) greifen wir in der Zeichenhandlung „Wasserschöpfen" auf.

Wir erleben diesen Zuspruch Gottes auf unsere Bitte nach Erquickung und hören es durch die Stimme eines Menschen:

„Trink! Gottes Fülle für dich, Erfrischung und Heil!"

Erfrischung für den Leib, Heil für Seele und Geist. Alles wirklich Heilsame können wir uns nicht selbst nehmen, sondern lassen es uns zusprechen und vermitteln. Wir sind aufeinander hingewiesen. Wir leben als Gemeinschaft voneinander und füreinander.

Füreinander schöpfen wir Wasser, gehen zu einer Person hin, reichen ihr den Becher mit Wasser und sprechen ihr die obige Verheißung zu.

Auch hierbei ist eine ruhige Musik im Hintergrund hilfreich.

2.4 Kreatives Segnen – mit Bildern einen Zuspruch gestalten

Dass wir das Segnen nicht den „kirchlichen Profis" überlassen dürfen, hat sich inzwischen herumgesprochen. Doch die Frage bleibt, in welcher Form wir segnen können, was dabei geschieht und wie es gelingen kann, dass unser Segen lebensförderndes, wirkendes Wort wird.

Im Entwickeln eines Segensbildes für einen anderen Menschen liegt die Chance, die Grundelemente des Segnens zu vereinen:

* aktive, liebevolle und informierte Zuwendung,
* auf die konkrete Lebenssituation bezogene Aussagen,
* Zuspruch, der einen guten Lebenshorizont aufzeigt, und

- die „Deckung" und Einlösung unseres menschlichen Zuspruchs durch Gottes souveränes (Mit-)Wirken.

Ein Segensbild wird aus dem Erfahrungshorizont des Gesegneten genommen und wird dadurch anschaulich und verständlich. Es beinhaltet bildliche Aussagen, die dadurch verstehbar und auf das eigene Leben hin deutbar werden. Durch die Bildhaftigkeit – vor allem bei Detail-Genauigkeit – prägt es sich gut ein. Beispiele:

„Du hast ein Herz wie eine offene Tür"
„Deine Augen sind wie Fenster ins Licht"
„Deine Hilfsbereitschaft ist für mich wie ein Stab, auf den ich mich stützen kann"

Das Weitergeben eines Segensbildes ist eine Ermutigung, ein bestimmtes Lebensziel zu erreichen, es kann auch helfendes Trost-Geländer in Krisenzeiten sein. Es ist immer ein Ausdruck der Wertschätzung, in der die Annahme, Zuversicht und das Ja Gottes sichtbar werden.

Material: In der Mitte liegen sehr viele verschiedene Bilder (Kalenderblätter) mit Blumen, Bäumen, Gegenständen, Häusern, Landschaften, Himmelsstimmungen u. v. m.; große Bögen Tonpapier oder weißes Papier DIN A 3, Klebstoff, Scheren, Stifte.

Die Teilnehmenden denken an die Person, für die sie einen Segen gestalten möchten (das kann eine Person aus den Anwesenden sein oder von außerhalb aus dem Freundes- oder Familienkreis).
Jede/r sucht ein Bild für die erinnerte Person aus (dabei sollten alle ihrem spontanen Eindruck Raum geben).
Sie beschreiben die natürlichen Eigenschaften und Funktionen, also das, was sie auf dem Bild sehen und erkennen können.
Danach wagen sie eine vorsichtige Deutung in den Bereich der Gaben, Ziele, Möglichkeiten und Chancen der zu segnenden Person hinein.
Zum Überreichen eines Segensbildes gehören neben dem günstigen Moment, der liebevolle Blick, die freundliche Geste, unsere zugewandte Körperhaltung, eine Berührung usw., die unsere Absicht unterstreichen.
Segensbilder sind Zuspruch in eine bestimmte Situation, zu einer bestimmten Zeit, sie bleiben also nicht unbedingt dauergültig.

FORM (siehe S. 29)
Name: . . . .
Du bist für mich wie . . . . (Abbildung)
Was ich auf dem Bild sehe . . . .
Das erinnert mich an dich, weil du . . . .
mit einem herzlichen, lieben Gruß . . . .

Zeichenhandlung: Kreatives Segnen

Du bist für mich wie

Was ich auf dem Bild sehe

Das erinnert mich an dich, weil du

mit einem herzlichen, lieben Gruß

2.5 Heilsame Geste – Zeichenhandlung Salbung

Salbe oder Salbung spielt in unseren kirchlichen oder schulischen Gruppen eine sehr untergeordnete Rolle, obwohl es ein verständliches und hilfreiches Zeichen sein kann. Die großen kirchlichen Zeichenhandlungen wie Krankensalbung oder Salbung bei der Firmung oder Priesterweihe bilden vielleicht eine gefühlsmäßige Barriere, da sie bei sehr prägenden und außergewöhnlichen Anlässen praktiziert werden.

Doch wenn wir einen Blick auf den biblischen Befund richten, stellen wir fest, dass die gegenseitige Berührung verbunden mit Salbe oder Öl ihren Platz mitten im Leben hat. Das gilt es wiederzugewinnen.

Wie in allen Zeichen, die mit Berührung verbunden sind, kommt darin in besonderer Dichte die liebevolle und begleitende Nähe zum Ausdruck, die jeder Mensch zur Lebensentfaltung braucht.

Die Verwendung und Bedeutung von Salbe im AT und NT:

* Zur Körperpflege und gleichzeitig zum Ausdruck der Freude am Leben, als Zeichen des Neuanfangs, des geistlichen Aufbruchs, der gute Duft verweist auf einen Gesinnungswandel (David – 2. Sam 12,20):
  Salbe wird zum Freudenzeichen (1).

* Im medizinischen Gebrauch als Verband und Pflaster, aber auch im übertragenen Sinn (Offb 3,18) wird z.B. Augensalbe zum Bild der heilsamen Erneuerung unseres Denkens und Wollens, unserer Ziele und Motive, es geht zutiefst um Durchblick.
  Auch Gebet in Verbindung mit Salbung/Ölung ist belegt: Verwundetes soll heil werden:
  Salbe wird Heilungszeichen (2).

* Bei Begräbnissen geschahen Salbungen als Zeichen des letzten Liebesdienstes. Diese Salbung als Zeichen der Liebe und Dankbarkeit finden wir bei Maria, die das kostbare Öl über Jesus ausschüttet.
  Salbe wird Liebeszeichen (3).

* Nicht nur Menschen, auch Gegenstände, Altäre, Geräte u.a. wurden gesalbt zum Zeichen, dass sie für Gott in Beschlag genommen, in Dienst gestellt wurden, sie wurden dadurch für Gott geheiligt:
  Salbung wird Zeichen der Zugehörigkeit (4).

* Könige, Fürsten, Priester und Propheten erhielten zur Übernahme ihres Amtes das Zeichen der Salbung, damit deutlich wurde, dass alle Regentschaft unter Gott ausgeübt werden soll:
  Salbung wird Bevollmächtigungszeichen (5).

• In 2. Chr. 28,15 wird die Salbung von Gefangenen als Werk der Barmherzigkeit und Wiedergutmachung für ungerechte Behandlung berichtet: *Salbung wird Versöhnungszeichen (6).*

• Im Neuen Testament wird das Geschehen der Salbung als Bild für die Erfüllung, Ausrüstung und Belehrung durch den Heiligen Geist gebraucht (1. Joh 2,20+27): *Salbung wird Zeichen des Geführtseins von Gott (7).*

Material: Haut- oder Massageöl, Körpermilch oder weiche Creme. Textstreifen (1–7: Zeichen für Heilung, ... Liebe, ... Dazugehören, ... Kraft, ... Versöhnung, ... Führung), jede Art ist mehrfach vorhanden.

Anleitung: Aus einem bereitstehenden Salbengefäß (Schale, Flasche o. a. mit Salbe, Körpermilch, Hautöl etc.) kann jede/r sich selbst nehmen und/oder auch anderen davon weitergeben, die Hände oder den Handrücken eincremen, die Handinnenseite massieren.

Wichtig: Wenn wir einander berühren, achten wir darauf, dass es mit Druck und Festigkeit geschieht, das ist meist angenehmer als ein lasches vorsichtiges Anfassen. Wir drücken damit unseren Willen zum Wohltun aus und unsere Entschiedenheit, etwas füreinander zu tun und zu sein.

Zum Schluss zieht jede/r für die Person, die sie/er gesalbt hat, einen Textstreifen (1–7) und überreicht ihn als Erinnerung an diese Erfahrung.

2.6 Abschied gestalten: Loslassen praktisch erleben, Ermutigung zum Stehen und Weitergehen in der Zeichenhandlung „Füße"

Jede Form von Abschiednehmen bedeutet Loslassen und Freigeben. Oft ist das mit Trauer über zu Ende gehende gemeinsame Wegstrecke oder der Unsicherheit gegenüber Neuem verbunden. Übergänge im Leben fordern uns zur aktiven Gestaltung heraus, wenn wir sie nicht nur passiv erleiden wollen. Die hier vorgestellte Zeichenhandlung bezieht alle mit ein und kanalisiert die Gefühle des Verlustes, indem der bewusste Blick nach vorn und eine Willenserklärung auf Hoffnung hin gewagt wird.

Material: In der Mitte liegen aus Tonpapier ausgeschnittene Fußabdrücke, rechte und linke Füße, Textstreifen.

Ein biblischer Zuspruch für das Weitergehen, Loslassen, Abschiednehmen und die Aussicht, Neuem entgegenzugehen, findet sich in Psalm 119,105: *Dein Wort ist meinem Fuß eine Leuchte, ein Licht für meine Pfade.*

Jede/r nimmt sich ein Fußpaar und legt es an einen selbst bestimmten Platz im Raum.

Vielleicht ergibt sich aus allen Füßen ein gemeinsamer Weg, auf dem wir alle unterwegs sind.

Beim Legen „meiner Füße" achte ich bewusst auf die Richtung, in die ich sie ablege.

Wer möchte, kann sich einen Satz der Bereitschaft, der Zuversicht, der Hoffnung, der Bitte o. a. nehmen oder selbst formulieren.

Einige Beispiele liegen auf Papierstreifen in der Mitte.

Ich will aufbrechen und mit Gott neue Ufer ansteuern!
Ich will Altes hinter mir lassen und Gott im Neuen begegnen!
Ich will mein Bestes geben und auf Gottes Vollenden vertrauen!
Ich will getrost sein: Gott ist für mich!
Ich will auf Gottes helfendes Eingreifen vertrauen!
Ich will mutig und fröhlich mit Gott weitergehen!
Ich will Gottes Hand fassen. Er führt mich!
Ich will gute Erwartungen haben!

Wir stellen uns auf unsere Füße (bildlich und praktisch).

Wer will, liest seinen Satz laut vor.

Wir legen einander die Hand auf die Schulter und hören einen Segenszuspruch:

Du Gott der Anfänge, segne uns,
wenn wir deinen Ruf hören,
wenn deine Stimme uns lockt
zu Aufbruch und Neubeginn.

Du Gott der Anfänge, behüte uns,
wenn wir loslassen und Abschied nehmen,
wenn wir dankbar zurückschauen
auf das, was hinter uns liegt.

Du Gott der Anfänge, lass dein Gesicht leuchten über uns,
wenn wir in Vertrauen und Zuversicht
einen neuen Schritt wagen
auf dem Weg unseres Glaubens.

Du Gott der Anfänge, segne uns.

(aus Irland)

2.7 Feier der Befreiung und des Loslassens

Die Möglichkeit einer „Feier der Versöhnung" oder einer Gelegenheit, das, was beschwert oder belastet, abzulegen, kann in einer Gruppe dazu beitragen, dass die Atmosphäre geklärt wird und Raum für das Wachsen von Freundschaft und die Stärkung des Gemeinschafts- und Zusammengehörigkeitsgefühls.

In diesem Ritual oder dieser Zeichenhandlung wird ein persönlicher Weg aufgezeigt, der Offenheit zulässt, ohne indiskret und zudringlich zu sein.

Material: In der Mitte liegen Fladenbrot in Körben und Trauben auf Tellern, Kerzen sind angezündet. Eine Vase mit Blumen (für jede Person eine Blume) steht bereit, Segensworte auf Karten für jede/n.

Bibeltext aus Hebräer 12,1–2: *Da uns eine solche Wolke von Zeugen umgibt, wollen auch wir alle Last und die Fesseln der Sünde abwerfen. Lasst uns mit Ausdauer in dem Wettkampf laufen, der uns aufgetragen ist, und dabei auf Jesus blicken, den Urheber und Vollender des Glaubens.*

Schritt 1: Alles ablegen, was uns beschwert.

Jede/r kann aus vorbereiteten Karten einen oder mehrere Sätze nehmen und sie mit dem Satz: „Ich lege ab!" in die Mitte auf ein am Boden liegendes Kreuz ablegen.

Wir lassen alles bei Jesus und bitten ihn um Hilfe.

Beispiele für Karten:

MEINE SORGE, MEINE UNRUHE, MEINEN ÄRGER, MEINE ANGST, MEINE UNGEDULD, MEINE SCHLECHTE LAUNE, MEINEN ZORN, MEINE HEFTIGE REAKTION, MEINE WUT, MEINEN SCHMERZ.

Der Zuspruch wird im Kreis weitergesagt, indem wir einander die Hand geben: „Friede sei mit dir!"

Schritt 2: Einsetzung und Austeilung des Agapemahles:

Nun sind wir bereit, den Weg unter die Füße zu nehmen, bereit, in Jesu Namen weiterzugehen. Er selbst will uns ausrüsten mit allem, was wir brauchen, will uns die Nahrung geben, die uns den ganzen Weg bestehen lässt.

Wir nehmen Fladenbrot und Trauben und teilen es miteinander.

Schritt 3: Segenszuspruch mit Berührung / Handauflegung:

Aus der Fülle der Gaben und des Reichtums Gottes will Jesus uns persönlich ein Geschenk machen, sozusagen eine ganz innige, persönliche Berührung durch seine Liebe.

Aus vorbereiteten Segensworten nimmt jede/r eine Karte.

Eine/r nimmt eine Blume aus der Vase, geht mit dem Segenswort zu einer/m anderen Teilnehmenden, überreicht die Blume und liest das Segenswort. Dabei legt sie/er die Hand auf die Schulter des/der zu Segnenden.

Der Schluss-Segen wird durch die/den Anleitende/n gesprochen.

3. ARBEIT MIT TÜCHERN

Einleitung: Seit Jahren benütze ich in der schulischen und gemeindlichen Arbeit und bei Seminaren und Freizeiten bunte Tücher zur Veranschaulichung und Vertiefung religionspädagogischer Themen, als Verkleidungsmittel oder als Gestaltungshilfe. Überall machte ich die Erfahrung, dass es eine unerschöpfliche Fülle an Möglichkeiten zum Einsatz und Umgang mit diesen Tüchern gibt und dass sie in allen Altersgruppen einsetzbar sind.

Im Folgenden sind einige Beispiele aus der Praxis zusammengestellt. Sie lassen sich in Abwandlung auf andere Geschichten, Lieder, Bilder oder Anlässe übertragen. Auf bereits anderenorts veröffentlichte und erklärte Methoden im Umgang mit und zum Einsatz von Tüchern (z.B. das Legen biblischer Geschichten nach „Ket" oder „Jeu dramatique") wird hier nicht näher eingegangen.

Material: Große, einfarbige, leichte Synthetik-Chiffontücher (80×180 cm) in allen Farben des Regenbogens (meist aus Pakistan oder Indien, inzwischen aber auch als Stores günstig zu kaufen).

Allgemeine Beobachtungen:
Das leichte, fliegende Material der Chiffontücher und die intensiv-bunten Farbtöne haben einen hohen Aufforderungscharakter und zugleich einen dekorativen Effekt. Die Größe der Tücher ermöglicht die vielfältige Verwendung zum Legen, als Tanz- und Bewegungshilfe bis hin zum Verkleiden, Einhüllen und Drapieren.

Jeder der hier vorgestellten Wege aus der Praxis soll den Charakter der Freiwilligkeit und Entspanntheit haben. Kreative Wege erschließen eigene Kreativität nur in einem Raum der fröhlichen Freiheit. Es geht dabei nicht um Leistung, nicht um das Provozieren von Aktionen oder das Eindringen in das Gefühlsleben anderer. Alles Geschehen und Anleiten ist eher ein diskretes, vorsichtiges Ermutigen, den eigenen Empfindungen zu trauen und die persönliche Wahrnehmung gelten zu lassen.

Die Tücher können – wie andere Hilfsmittel auch – die Bereitschaft zur Kommunikation fördern, das setzt aber einen hohen Grad des Respekts und der Achtung vor der Freiheit jeder/s Einzelnen voraus.

Auf den nächsten Seiten folgen einige Beispiele aus der Praxis.

3.1 Tücher als Brücke zum Begreifen von Bildern

3.1.1 Mit Tüchern Farb- und Bildverständnis erschließen

Drei Farbexperimente zu Bildern von Joan Miró, Blau I, II, III

(Die Bildvorlagen sind in vielen Kunst- und Unterrichtsbüchern zu finden, u.a. auch in: Die Nacht leuchtet wie der Tag, Bibel für junge Leute, Diesterweg, Frankfurt)

Bestimmte Farben wecken bestimmte Emotionen und Empfindungen, die mit Vorerfahrungen und Erlebnissen verknüpft sind. Auch in unserer Sprache spiegelt sich das, wenn wir sagen „feuerrot", „blutrot", „himmelblau", „nachtblau", „taubenblau", „giftgrün", „kohlrabenschwarz", ...
Was aber empfinde ich bei rot, blau, schwarz ...? Wie wirken klare, leuchtende Farben auf mich und wie eher abgedunkelte, vergraute? Wann kleide ich mich lieber gedeckt, wann lieber leuchtend oder auffallend?
Wie unterscheiden sich die Farben der Jahreszeiten? Wie verändern sie sich in ihrer Strahlkraft oder Intensität und in ihrem Charakter je nach Lichteinfall und Beleuchtung?
Mein Sehen ist ein sehr individuelles Geschehen und hat mit meiner je eigenen Befindlichkeit und An-Schauung zu tun. In den folgenden Experimenten geht es um eine Annäherung an unser ganz persönliches Wahrnehmen und um die Übertragung dieser Erkenntnisse auf Bilddeutung und Texterschließung. Die Tücher dienen zunächst als die Fantasie anregende Farbflächen und zur Erzeugung von Farbimpressionen bei den Betrachtenden.

Experiment 1

Anordnung: Ein dunkelblaues Chiffontuch liegt über einem hellblauen Tuch auf dem Tisch (das helle Tuch scheint etwas durch). Das Tuch ist glatt ausgebreitet.

Wir betrachten das Arrangement etwa 60 sec lang und notieren unsere spontanen Eindrücke und Empfindungen.
Es folgt ein unkommentiertes (!) Vorlesen unserer Stichworte.
Es wird deutlich: Wir nehmen sehr subjektiv und unterschiedlich wahr, je nach unserer Persönlichkeit und unseren Sehgewohnheiten und persönlichen Vorerfahrungen.

Experiment 2

Ich lege mit einer hastigen Bewegung ein rotes Chiffontuch ‚gezackt'
über die blauen Tücher.
Wir betrachten wieder die Anordnung und notieren in wenigen Sekunden
unsere Eindrücke.
Austausch unserer Assoziationen wie bei Exp. 1.
Deutlich wird: Die positiven und negativen Empfindungen treten stärker
hervor. Die Reaktionen auf die gesteuerte provokative Farbbewegung
sind meist stark und emotional.
Wir entdecken, dass das rote Tuch auf blauem Grund uns gleichsam eine
persönliche Botschaft vermittelt. Rot und blau haben als Farbe eine eigene Qualität und auch in ihrer Kombination eine eigene Aussagekraft.

Experiment 3

Um diese Botschaft etwas weniger drastisch zu gestalten, liegen einige
kleinere Formteile aus roter und schwarzer Pappe (Kreise, Ovale, Dreiecke, Vierecke) bereit.
Als Untergrund dienen wieder die beiden blauen Tücher, flach übereinander gelegt.

Aufforderung:
  *„Bitte legen Sie damit eine frohe (oder eine aufregende, ärgerliche ...)
  Botschaft."*

Wer gelegt hat, muss nicht dazu sprechen, kann aber Kommentare oder
Eindrücke weitergeben.
Die Botschaft wird von anderen verändert, es wird umgelegt, kritisiert
etc. Es entwickelt sich meist ein Gespräch während der Aktion.

Experiment 4

Jetzt betrachten wir drei Bilder von Miró, die der Geburtsgeschichte Jesu
zugeordnet sind. (Die Nacht leuchtet ..., s.o., S. 171 ff.)
Das Einfühlen in diese drei Bilder in der Kombination mit dem Text und
der persönlich-subjektive Zugang wird nach den vorhergehenden spielerischen Experimenten erleichtert. Wir entdecken, dass es um eine frohe
und bewegende Botschaft geht, die uns selbst anrührt und betrifft.
Als Ergänzung kann der Text aus Lukas 1 und 2 dazu gelesen werden.

Wer möchte, kann einen Schluss-Satz formulieren:
  „Die Botschaft in ‚Blau I' (II oder/und III) für mich ist: ..."

3.1.2 Mit Tüchern Bilder legen

Diese Form eignet sich besonders, wenn man im Unterricht zuvor ein Bild betrachtet und bearbeitet hat. Es ermöglicht eine sehr persönliche Deutung, weil im Nachlegen mit den bunten Chiffontüchern die eigene Sicht und Wahrnehmung deutlich wird. Darum kann dies höchstens von zwei Personen ausgeführt werden.

Die gleiche Methode bietet sich aber auch an, um ein fremdes Bild zu erkunden.

Ein Bild, z.B.: Emil Nolde, „Freundin" („Die Nacht leuchtet ...", s.o., S. 184) wird gemeinsam betrachtet.

Mit Tüchern legen Einzelne oder eine kleinere Gruppe in der Mitte (so-dass alle gut sehen können, was geschieht) auf dem Boden oder auf einem Tisch das, was sie sehen und empfinden, nach. Dazu wählt jede/r ihren/seinen persönlichen Farbschwerpunkt. Während des Legens kann miteinander über die eigenen Absichten und zu gestaltenden Inhalte gesprochen werden. Wir lassen das Arrangement auf uns alle wirken und sprechen über die Kraft und Bedeutung der Farben in dieser Zusammenstellung. Der korrespondierende biblische Text von der Heilung eines Aussätzigen (Lukas 12,5–16) erhält nun durch die Bildaussage eine besondere Note, je nachdem ob mein Entdecken stärker auf das Motiv des liebevollen Zugewandtseins, die Bedeutung des Dunkels oder einer bestimmten Farbe gerichtet ist.

Es wird deutlich, dass meine persönliche Sicht eines Bildes mit mir zu tun hat, und dementsprechend auch meine persönliche Deutung einer biblischen Geschichte. Meine Sicht aber ist nur eine von vielen! Diese Vielfalt zu verstehen und zuzulassen wird zum Geschenk.

Zum Abschluss formuliert jede/r einen Satz:
„Dieses Bild bedeutet für mich: ..."

Alle wiederholen den vorgegebenen Satz gemeinsam.

Dadurch verstärken die Teilnehmenden ihre Deutung und drücken ihre Wertschätzung aus. Bei Kindern kann diese Form der Anerkennung eine wesentliche Ermutigung sein, den eigenen Empfindungen zu trauen.

3.1.3 Mit Tüchern und Personen Bilder plastisch werden lassen

Die bunten Tücher eignen sich auch gut zum Verkleiden der eigenen Person oder einer Personengruppe. Durch das Eingehüllt- oder Umhülltsein entsteht für einen Moment eine neue Identität. Durch die eigene Körperhaltung, die Tücher und die eigene Gestimmtheit können verborgene, in der Tiefe schlummernde Gefühle aufbrechen. Deshalb bedarf es einer achtsamen Aufmerksamkeit der Anleiterin/des Anleiters einer Gruppe, dass wir vorsichtig miteinander umgehen und niemand in etwas drängen, was sie/er nicht von sich aus anregt oder darin einwilligt.

Wir betrachten gemeinsam ein Bild, z.B.: Emil Nolde „Gruppe mit Kindern" (S. 206 in: „Die Nacht leuchtet ...", s.o.) und lesen den Text Lukas 18,15–17 dazu.

Wir sprechen über unsere Eindrücke und welche Empfindungen und Gefühle sich bei uns einstellen, z.B. Nähe, Berührung, Freundschaft, Liebe, Zärtlichkeit, Staunen o. a.

Je nach unseren gewählten Begriffen bilden wir Zweier- oder Dreier-Gruppen. Mit Hilfe der farbigen Tücher gestalten wir unseren Schwerpunkt, indem wir selbst die Haltung der Personen auf dem Bild einnehmen (oder sie verändern oder verstärken). Wir werden zu einem Teil des Bildes. Wir verharren kurze Zeit in der gefundenen Position und sprechen miteinander über unsere Wahrnehmung.

Variation: Ein Gruppenmitglied stellt oder setzt das Bild mit den beiden anderen in Absprache mit diesen.

Wenn die einzelnen Gruppen ihre Themen nicht gleichzeitig, sondern nacheinander gestalten, ergibt sich für die Betrachtenden eine vielfältige Deutung und die Möglichkeit, ganz neue „Einblicke" in ein Bild zu erhalten. Es ist jedoch immer wichtig, dass die Beteiligten selbst zu Wort kommen oder auch ihre Haltung und Zuordnung verändern können, um mit der so gestellten Bildaussage übereinstimmen zu können.

3.1.4 Erfahrungsanleitung zu einem Bild von Sieger Köder: „In Gottes Händen"

(Das bekannte Bild ist als Poster erschienen im Verlag der action 365, Kennedyallee 111a, 60596 Frankfurt a.M., Best. Nr. 298)

Wir treten, sitzen oder stehen um das am Boden liegende Bild herum und sehen uns das Bild gemeinsam an. (Das Bild zeigt ein Kindergesicht mit weit offenen Augen, das von zwei Händen umfangen wird, diese wiederum fügen sich in eine kreisende Bewegung ein, die das ganze Bild umgibt. Kreis und Hände sind in den Farben des Regenbogens gemalt.)

Die Gestaltung erfolgt einzeln, zu zweit oder als kleine Gruppe.

Nach einer Zeit des stillen Betrachtens wählt jede/r ein Tuch in der Farbe, die sie/ihn besonders anspricht, aus. Danach legen wir mit den Tüchern einen (Regenbogen-) Farbenrahmen um das Bild herum. Wer möchte, kann etwas zur gewählten Farbe oder zum Bildeindruck aussprechen.

Durch das Wählen und Legen des Tuches geschieht persönliche Identifikation mit dem vorgefundenen, fremden Bild. Wir erweitern das Bild gleichsam mit den Tüchern zu uns hin.

Das „persönliche" Tuch wird zum Sprechanlass und gibt den Blick auf die eigene Befindlichkeit frei.

Wir hören auf den Text aus Psalm 139 (Der Satz wird in großer Schrift, gut lesbar für alle, neben das Bild gelegt.):

> *„Von allen Seiten umgibst du mich und hältst deine Hand über mir."*

Gemeinsam wiederholen wir diese Aussage.

Wir vergegenwärtigen uns in unserer Vorstellung (vor unserem inneren Auge) die Hand oder die Hände Gottes und wo sie uns berührt oder berühren. ($\frac{1}{2}$ – 1 Minute)

Wir sprechen noch einmal miteinander:
> *„Von allen Seiten ..."*

Als Ergänzung und Vertiefung im Rahmen eines Rituals kann eine einfache Zeichenhandlung dienen:

Wir geben uns ein Zeichen der Nähe Gottes durch das gegenseitige Berühren mit der Hand auf der Schulter oder dem Oberarm und sagen dabei:

> *„Du bist in Gott geborgen!"*

Danach bleiben wir noch einen Moment im Kreis stehen, bevor wir auseinandergehen.

3.2 Tücher als Möglichkeit, den eigenen Bewegungs- und Spielraum zu entdecken, zu weiten und zu schützen

Um die eigenen Möglichkeiten und Grenzen kennen und annehmen zu lernen, ist es hilfreich, immer wieder Gelegenheiten zu ihrer Entdeckung zu schaffen. Bei Kindern und Jugendlichen mit Beeinträchtigungen des Selbstwertgefühls können derartige Körperübungen stärkend und befreiend wirken. Weit gespannte und schwingende Bewegungen mit den Armen, bewusstes Ausschreiten und gezieltes Bewegen des Körpers fördern eine intensive Atmung und dadurch bessere Durchblutung. Die Tücher wirken unterstützend, weil sie die Bewegungen verstärken und vergrößern. Je mehr Stoff frei schwingen kann, desto mehr Raum wird gewonnen.

Die hier vorgestellte Übung kann beliebig oft wiederholt werden und eignet sich auch als Anfangsritual oder Entspannungszeit zwischendurch.

Begleitende Musik soll das Bewegen erleichtern und fördern: Je nach Zielgruppe eignet sich leichte Barock- oder Popmusik, meditative Musik oder bei Jugendlichen auch rhythmischer Beat oder Dancefloor.

Jede/r wählt sich ein Tuch in der „Lieblingsfarbe" aus und legt es sich zunächst über die Schultern, die beiden Enden halten wir in den Händen.

Bevor wir uns für uns aktiv bewegen, bedenken wir, welchen Raum wir in unserer Vorstellung durchschreiten möchten:

- Ist es der Kreis, den der Radius meiner Arme bemisst,
- ist es ein Quadrat, das ich mit ein oder zwei Schritten vor und zurück durchmessen kann,
- ist es eine lange Linie wie eine Diagonale durch den Raum,
- ist es eher ein Weg außen herum, der den Raum absteckt und eingrenzt,
- brauche ich etwas Schützendes im Rücken usw.

Wir denken zuerst und nehmen uns dann eine Experimentierphase zur Musik.

Die Tücher, die wir frei schwingen, dienen als Bewegungsverstärker, als Verlängerung unserer Arme, zum Durchmessen des Raumes auch in der Höhe, Breite und Weite.

Zum Abschluss legen wir sie so, dass sie unseren persönlichen Spiel- und Bewegungsraum kennzeichnen.

Wichtige Vereinbarung: Wir berühren einander nicht und achten darauf, dass wir einander nicht behindern.

Wir setzen, legen oder stellen uns in unseren „Spielraum" und ruhen einige Augenblicke aus. Wer möchte, kann beschreiben, wie diese Tanzphase für sie/ihn war, was sie/er erlebt oder empfunden hat.

Auch unkommentiert wirkt diese Körperübung befreiend und auflockernd. Nicht immer ist es hilfreich, die eigenen Gefühle zu verbalisieren. Vor allem bei Kindern und Jugendlichen (und auch Erwachsenen) mit Hemmungen und Minderwertigkeitsgefühlen stellt eine derartige Aufforderung eher eine Belastung als eine Hilfe dar. Oftmals dienen Gesprächsrunden mehr der Bestätigung und Rückmeldung der Anleiterin/des Anleiters als den Teilnehmenden. Wir können hier lernen, auf Ertragssicherung zu verzichten und dem souveränen Geist Gottes zuzutrauen, der wirkt, wo und wie er will, aber immer zum Wohl und Heil des Lebens. Eine gelöste, erwartungsfreie Entspanntheit schafft Raum für vielfältige Entfaltungen.

3.3 Tücher als Tanzbegleiter und Gestaltungshilfe

3.3.1 Begegnungstanz

<u>Musikbeispiel:</u> „Bashana Haba'a" – *„Nächstes Jahr in Jerusalem"*
(aus: Shalom-Folklore und neue Songs aus Israel oder andere israelische
Volkstänze)

Jede/r hat sich ein Tuch ausgewählt und so über die Schulter gelegt, dass
die Enden der Breitseite in den Händen liegen und noch etwas Stoff frei
ist, um damit Schwingbewegungen auszuführen.
Während der Musik gehen wir frei im Raum umher.
Wenn wir einander begegnen, schauen wir uns an, begrüßen uns mit unseren Tüchern und gehen weiter (der Fantasie sind dabei keine Grenzen
gesetzt ...).
Wenn wir uns ein zweites Mal begegnen, legen wir einander eine Seite
unseres Tuches um die Schultern und drehen uns leicht miteinander, dann
lösen wir uns wieder und gehen weiter.
Zum Schluss bilden wir einen großen Kreis und werfen unsere Tücher
sternförmig wie Strahlen zur Mitte, halten aber ein Ende dabei fest und
gehen in die Hocke. Danach ziehen wir unser Tuch mit einem Ruck an
uns, schwingen es im Aufstehen nach hinten und lassen es langsam sin-
ken (ein Einsatzsignal der Leiterin/des Leiters, die/der die Musik kennt,
ist dazu hilfreich).

3.3.2 Tanz der Sammlung – Tüchertanz zur Mitte hin

<u>Lied:</u> *„Gott ist gegenwärtig"* (EG 165)
(aus: Choräle im neuen Sound, Pila Music 1987)

Wir wählen uns ein Tuch aus, das zu unserer momentanen Befindlichkeit
passt. Es soll uns helfen, das, was wir hören, in Bewegung umzusetzen.
Zunächst hören wir den Text und machen uns vertraut mit ihm; er wird vorgelesen. Die unterstrichenen Textteile deuten in jeder Strophe die Aussage an, die wir anschließend durch unsere Bewegungen verstärken werden.

> *Gott ist gegenwärtig, lasset uns anbeten und in Ehrfurcht vor ihn treten.*
> <u>*Gott ist in der Mitte.*</u> *Alles in uns schweige und sich innigst vor ihm*
> *beuge.*
> *Wer ihn kennt, wer ihn nennt, schlag die Augen nieder; kommt, ergebt*
> *euch wieder.*

Du durchdringest alles; lass dein schönstes Lichte, Herr, berühren mein Gesichte.

Wie die zarten Blumen willig <u>sich entfalten</u> und der Sonne stille halten, lass mich so still und froh deine Strahlen fassen und dich wirken lassen.

Herr, komm in mir wohnen, lass mein' Geist auf Erden dir ein Heiligtum noch werden;

komm, du nahes Wesen, dich in mir verkläre, dass ich dich stets lieb und ehre.

<u>Wo ich geh, sitz und steh</u>, lass mich dich erblicken und vor dir mich bücken.

Wir überlegen, welche Bewegungen „*Gott in der Mitte*", „*mich entfalten*" und „*der Ort, an dem ich gehe, sitze, stehe*" verstärken und ausdrücken können und experimentieren mit dem Schwingen der Tücher im Stehen, Sitzen oder auf dem Boden.

Nun geben wir der Liedgestaltung einen rituellen Rahmen.

Ausgangspunkt ist das Sitzen im Kreis. Zur Eröffnung sprechen wir gemeinsam: „*Seid still und erkennt, dass Gott ist.*"

Während das Lied vom Tonträger erklingt, gestaltet jede/r für sich und doch alle zusammen den jeweiligen Strophen-Schwerpunkt frei im Raum, aber mit Orientierung zu einer gestalteten Mitte (ein Tuch, ein Kreuz, eine Schale o. a., keine Kerze, keine Blumenvase, damit beim Schwingen kein Unfall geschieht).

Anschließend sprechen wir noch einmal den Eröffnungs-Satz.

3.3.3 Bilder mit Tüchern tanzend erleben und gestalten

Die Bewegungen der Farben und Formen eines Bildes lassen sich sichtbar machen durch die Bewegungen unseres Körpers, unterstützt durch leicht fließende Tücher.

Bilder zu tanzen gelingt meist leichter mit leiser, meditativer Hintergrundmusik und fordert eine langsame Hinführung und Einübung. Wenn den Bildern Texte zugeordnet sind, bieten diese manchmal eine Möglichkeit, eine bestimmte Grundstimmung zu erkennen, was für die Auswahl der Musik von Bedeutung ist.

Wir betrachten das Bild von Karel Malich „Licht I" (in: „Die Nacht leuchtet ...", s.o., S. 4 und „Licht VI", S. 6).

Wir entdecken sieben wellenförmige, parallele Bewegungen, halbkreisförmig umzeichnet in dunklerem Raum, durchgestrichen am Beginn des ersten von drei Wellenbögen.

Wir experimentieren mit Arm- und Beinbewegungen, um das, was wir sehen, mit dem Schwung der Tücher in den Raum hinein zu übertragen und nachzuvollziehen.

Jede einzelne Linienstruktur wird auch zunächst einzeln gestaltet. (Als Schreit-Hilfe evtl. Kreuz-Seit-Schritt dazu: Der rechte Fuß wird zur Seite gestellt, der linke kreuzt davor oder dahinter, der rechte wieder zur Seite usf.)

Zur Musik bewegen wir uns gemeinsam im Raum und gestalten „unser" Bild, d.h., wir wählen Bewegung(en) aus, gestalten sie für uns und je nach Möglichkeit auch mit anderen zusammen, indem wir ihre Bewegungen aufgreifen, nachvollziehen, verändern, durchkreuzen usw.

Nach der Tanzphase setzen wir uns auf den Boden und beschreiben unsere Erfahrungen, betrachten noch einmal das Bild und finden eine „Botschaft" an uns darin, die wir festhalten möchten.

Zur Abrundung tanzen wir noch einmal unsere „Botschaft" oder die Bild- und Farbbewegung zur Musik.

Weitere Bilder aus „Die Nacht leuchtet wie der Tag", die sich zum Nachtanzen eignen:

Jerry Zeniuk (S. 122), „Untitled N° 119"
  Hell-Dunkel-Wege oder Ströme
  Flächen, die in sich strukturiert sind,
  zurückweichen und hervorkommen,
  etwas wächst oder baut sich auf.
  Texthinweis: Psalm 103

Jerry Zeniuk (S. 131), „N° 126"
  Farbflächen in weiß – welche bin ich?
  Gibt es Drehbewegungen, gibt es Wege?
  Wie eng sind einzelne Elemente miteinander in Beziehung?
  Wie bewegt sind sie allein oder miteinander?
  Texthinweis: Psalm 150

3.3.4 Sich mit Tüchern bewegen

Die leichten-schwebenden Tücher eignen sich auch zum freien oder gestalteten Tanzen und Bewegen. Ähnlich wie beim Einsatz von Fahnen oder Flaggen bewirkt das weit ausholende Schwingen eine Weitung des Brustraums und intensiviert die Atmung. Der ganze Körper wird vom Brustbein her aufgerichtet. Das hat einen positiven Einfluss auf die physische wie psychische Verfassung. Besonders Ängstliche, Schüchterne oder Entmutigte erfahren eine unausgesprochene Stärkung.

Man greift die langen Tücher in der Mitte und schwingt synchron oder gegenläufig Figuren zur Seite, nach hinten und vorn oder über den Kopf (z.B. seitlich vor dem Körper eine liegende Acht, Kreise neben- und ineinander, wellenförmige Bewegungen, Schleudern zur Seite oder nach oben und unten u.v.m.).

Eine weitere Möglichkeit ist die „Schalmethode": Das Tuch wird über die Schulter gehängt, man greift rechts und links auf Oberarmhöhe und streckt die Arme hoch, sodass rechts und links noch ein Stück Tuch frei schwingt. Es eignen sich wiegende Bewegungen nach rechts und links mit seitlichem Beugen des Oberkörpers oder kreisende Bewegungen über dem Kopf, denen der Körper ganz locker folgt (wie beim Bauchtanz).

Wenn in einer Kreis-Polonäse gegangen wird, ist es hilfreich, das eine, längere Ende des Tuches über die rechte Schulter der/des Vorangehenden zu legen und mit dem freien Ende locker schwingende Bewegungen im Rhythmus auszuführen.

3.4 Mit Tüchern Symbole gestalten

3.4.1 Sammlungs- und Konzentrationsübung mit Musik

Die Symbol-Gestaltung eignet sich gut als Anfangs- oder Endritual. Die hier beschriebene Form bindet sie deshalb in einen Rahmen aus zu- und nachgesprochenem Bibelwort ein.

Bei der Gestaltung wird jede/r selbst zu einem Teil des Symbols und erlebt die Gruppenmitglieder als Einheit in der Verschiedenartigkeit.

Mit Kreide, Schnur, Faden oder Tüchern wird das ausgewählte Symbol als Gemeinschaftsaktion oder von Einzelnen auf den Boden gelegt.

Zunächst befinden sich alle mit je einem Tuch frei verteilt im Raum.

Das zum Symbol ausgewählte Bibelwort wird laut vorgelesen; z.B. zum Kreuz:

„Jesus Christus gestern und heute und in Ewigkeit"
„Aller Welt Enden sehen das Heil Gottes" (Himmelsrichtungen)

z.B. zum Herz:

„Wirke in mir, Gott, ein reines Herz"
„Die Liebe hat einen langen Atem"
„Die Liebe freut sich an der Wahrheit"
„Die Liebe ist gütig"

z.B. zur Flamme:
  „Dein Wort ist ein Licht auf meinem Weg"

z.B. zu Frucht/Baum:
  „Ein guter Baum bringt gute Früchte"
  „An ihren Früchten könnt ihr sie erkennen"

z.B. zu Wasser:
  „Alle Durstigen, kommt her zum Wasser!"
  „Er führt mich zum frischen Wasser"

z.B. zu Wege:
  „Du, Gott, siehst alle meine Wege"

z.B. zu Tor/Tür:
  „Schaffet Frieden in euren Toren"
  „Bewahre die Tür deines Mundes"

Wenn die ausgewählte Musik einsetzt, stellen, setzen oder legen wir uns auf die vorgegebene Linie am Boden und finden uns an einem von uns gewählten Platz ein. Mit unserem eigenen Tuch unterstreichen wir die Symbollinie da, wo wir sind.

Dann sprechen wir den Eingangssatz noch einmal gemeinsam. (Dazu ist es hilfreich, ihn auf einem großen Blatt gut sichtbar zu Beginn in die Mitte zu legen.)

Variation: Die Grundform eines Symbols liegt auf dem Boden. Ein Bibelwort dazu wird gelesen.

Jede/r wählt ein farbiges Tuch aus, das zu ihrem/seinem spontanen Eindruck passt.

Mit den Tüchern füllen wir das Symbol aus, indem jede/r ihrem/seinem Tuch einen Platz im Symbol gibt. Wer möchte, kann dazu einen Kurz-Satz sprechen: *„Mein Tuch bedeutet ..."*

Gemeinsames Schluss-Wort, s.o.

3.5 Biblische Motive als erfühlte und erlebte Standbilder, als Visualisierung von Erfahrungen und als Deutungshilfe für biblische Geschichten

Mit der hier vorgestellten Methode können biblische Begriffe pantomimisch erschlossen, dargestellt und dadurch verständlich werden. Die Gestaltungsphasen sind sehr kurz zu halten – höchstens drei Minuten. Diese Form der Bündelung von Erfahrungen eignet sich besonders, wenn ein Thema über eine längere Zeit behandelt wurde. Sie gelingt gut, wenn sie eine eher humorvolle Note erhält.

Im Anschluss an eine behandelte biblische Geschichte oder ein Thema sammeln wir gemeinsam, was uns an dieser Geschichte bedeutsam ist. Beispiel: Matthäus 8,22–25 *„Die Heilung eines Blinden"*

Wir einigen uns auf ein Hauptmotiv, z.B. Versöhnung, Heilung, Gemeinschaft ... Ein/e ‚Bildner/in' nimmt zwei freiwillige Personen und „formt" aus ihnen ein Denk-Mal, das das Motiv ausdrückt. Die Tücher dienen in ihrer Farbe zur Verstärkung von Empfindungen und im Ein- oder Umhüllen der Verdeutlichung einer Aussage.

<u>Wichtig</u>: Alles Gestalten an den beiden Personen sollte in Absprache mit diesen geschehen.

Wir betrachten das Denk-Mal zuerst in Stille, dann nennt die Bildnerin/ der Bildner das Thema.
Gemeinsam antworten wir mit einem vorgegebenen und gut sichtbar auf einer Wortkarte zu lesenden Lückensatz: z.B.

„Danke, guter Gott, für ..." (Versöhnung, Gemeinschaft ...); oder:
„So kann ... (Versöhnung, Gemeinschaft ...) sein, wow!"

3.6 Tücher als Hilfe zur Vorbereitung einer Feier

Der Übergang vom Arbeiten zum Feiern braucht eine besondere Aufmerksamkeit, was die Gestaltung betrifft; denn Klassen- oder Gemeinderäume sind normalerweise eher Arbeits- als Feier-Räume. Eine andere Stuhl-Sitz-Ordnung kann dabei helfen, je nachdem, wie wir feiern möchten (Gruppen- oder Kreisbildung, Tischgruppen ...). Wir gehen dabei von den bekannten Elementen aus, die auch bei uns zu Hause zu einer Festvorbereitung gehören: Ordnung machen, aufräumen, was nicht dazugehört oder stört, Hände und Gesicht waschen; wer möchte, kann ein Deospray oder Eau de Toilette verwenden (verschiedene Düfte bereitstellen).

Danach schmücken wir den Raum mit Mitteln, die wir haben (oder wir gehen ins Freie und suchen etwas Blühendes, Wachsendes o.a.). Tücher, Kerzen, Glas-Nuggets oder Blumen sind eine einfache Möglichkeit, im Raum eine Mitte oder einen festlichen Tisch zu gestalten.

Nun überkleiden wir uns mit einem der bereitgelegten Tücher – wir ziehen damit ein Feierkleid an –, es kann auch beim Eintreten in den Raum übergelegt werden.

Nach der Feier legt jede/r ihr/sein Tuch wieder ordentlich zusammen und beiseite. Dies signalisiert auch das Ende des Festes und markiert den Übergang oder das Zurückkehren in den Alltag (der Duft aber bleibt noch eine Zeit an uns, um uns und im Raum).

Hinweise: Jeder der hier vorgestellten Praxisvorschläge lässt sich nach den eigenen und ganz persönlichen Möglichkeiten und Vorlieben variieren und modifizieren. Bild-, Lied-, Tanz-, Text- oder Themenauswahl hängen von den eigenen Zugängen ab. Es ist immer sinnvoll, nur das einzusetzen und einzubringen, wozu man selbst eine positive Affinität besitzt. Wenn Lieder gestaltet werden, ist es hilfreich, diese als Playback zu verwenden, damit nicht neben der Bewegung und Ausdrucksgestaltung auch noch Text und Melodie zur Herausforderung werden.

Kurze, gemeinsam gesprochene oder gesungene Text- oder Liedteile sollten immer in geeigneter Vergrößerung für alle gut sicht- und lesbar aufgeschrieben werden.

Bei Bildern hat sich bewährt, diese als Farbvergrößerungs-Kopie (DIN A3) anzubieten. Wenn man sie dann noch laminiert hat, kann man sie mit größerer Gelassenheit zur Verfügung stellen und leichter wiederverwenden. Jeder gute Copy-Shop ist inzwischen darauf eingestellt.

3.7 Beispiele für Bewegungsabläufe

Generell gilt: Wer Tücher, Flaggen oder Bänder benützen möchte, muss auf einige Grundsätze achten:

1. Die Hände halten die Stäbe, die Tücher oder Bänder fest, aber nicht verkrampft.
2. Die Augen achten darauf, dass niemand berührt oder behindert wird.
3. Der Mund ist zu und die ganze Konzentration richtet sich auf den Bewegungsablauf.

Hier einige Beispiele für Bewegungsabläufe:

1.

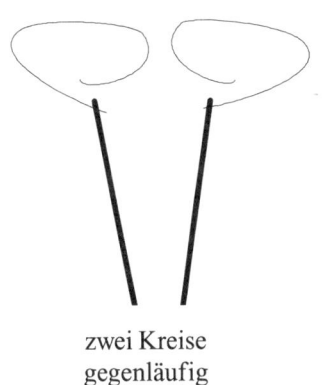

Die Arme sind gestreckt, die Zeigefinger liegen gestreckt auf dem Stab.

Die Bewegung kann auch entgegengesetzt durchgeführt werden, von innen nach außen.

Variation: Seitlich neben dem Körper oder hinter dem Körper.

zwei Kreise
gegenläufig
über dem Kopf

zwei Kreise
gegenläufig
über dem Kopf

2.

Die Hände führen die Stäbe nicht gegensinnig, sondern gleichsinnig.

Variation: Einzeln seitlich neben dem Körper nach hinten oder nach vorne

zwei parallele
Kreisbewegungen
über dem Kopf

3.

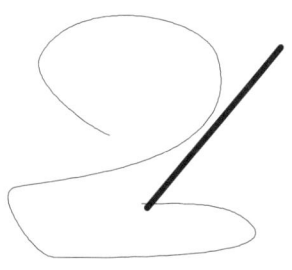

Diese Figur kann sowohl gegensinnig als auch mitsinnig ausgeführt werden, über dem Kopf, vor dem Körper mit weit ausholenden Bewegungen oder seitlich neben dem Körper nach hinten beginnend.

liegende Acht
von der Mitte
nach außen

4.

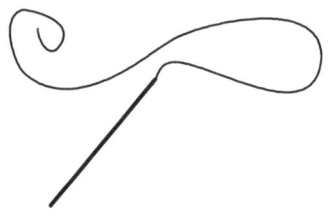

Bei dieser Bewegung wird vor dem Körper ein × gezeichnet, die kreisenden Bewegungen selbst sind sehr flach (horizontal zur Körpermitte und über dem Kopf).

Übung: Mit beiden Armen parallel ziehen, oder: Die zweite Flagge folgt der ersten leicht versetzt.

vor dem Körper kreisen,
über dem Kopf ziehen

Wenn man den Wechsel von einer in die andere Hand beherrscht, gibt es einige schöne Bewegungsfolgen, die im Rhythmus (ein–zwei–drei– Pause / oder: eins–zwei–drei–vier) geschwungen werden können.

Zum Wechseln wird der Stab von der Körpermitte aus nach rechts geschwungen, dann von unten an die linke Hand und um den ausgestreckten Zeigefinger gedreht, dann zwischen Zeige- und Mittelfinger fallen lassen und wieder im Schwung nach links-außen gezogen.

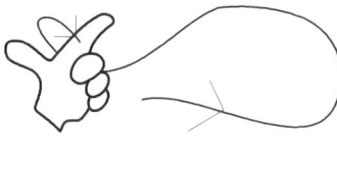

5. Schwung nach rechts – Wechsel – kreisen – kreisen – Arm nach rechts oben ausstrecken.
Schwung nach links – Wechsel – kreisen – kreisen – Arm nach links oben ausstrecken.
<u>Variation</u>: Wechsel – kreisen – ausstrecken – Wechsel – kreisen – ausstrecken.

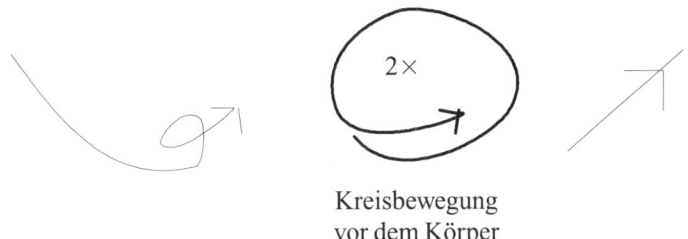

Kreisbewegung
vor dem Körper

6. Achter von links mit großem erstem Bogen und kleinem zweitem Bogen – Wdh. – Wechsel – Achter von rechts mit großem erstem Bogen ...

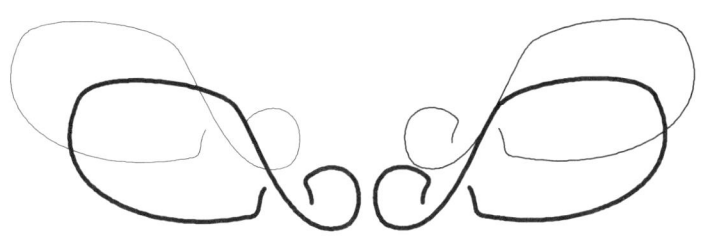

7.

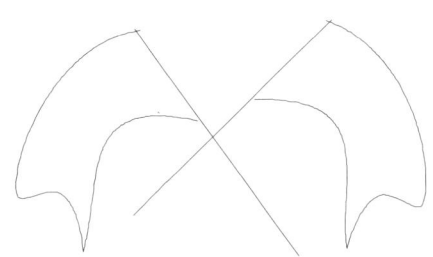

Vor und zwischen einzelnen Bewegungsteilen ist es hilfreich, in einer gesammelten Ausgangsstellung zu stehen, von der aus dann weiter agiert wird.

Ruhestellung
vor dem Körper

8.

Zum Einzug und zum Gehen in Reihen eignet sich das Tragen der Flaggen mit seitlich ausgestreckten Armen.

Zum Beispiel so:

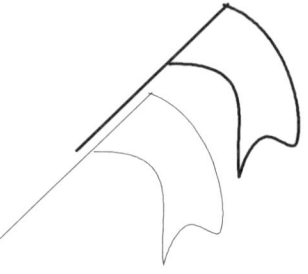

9. Noch eine sehr schöne Figur!

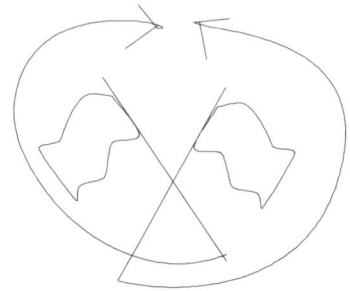

Achtung: Dabei weiteratmen!

aus der Ruhestellung weit nach oben kreisende Bewegungen, vor dem Körper kreuzen, nach oben öffnen

Weitere Formen und Bewegungsfolgen lassen sich frei erfinden und je nach Musik zusammenstellen.

Das schnelle Kreisen des Stabes in der Hand oder das Wechseln von Figuren ist Übungssache.

4. KREATIVES SCHREIBEN UND MALEN

Einleitung: Wenn Schreiben als Aufgabe oder Methode angekündigt wird, weckt das oft ungute Gefühle, Unlust, Versagensängste und Leistungsdruck bei den Betroffenen. Dass Schreiben aber eine zutiefst befreiende, froh machende kreative Tätigkeit sein kann, mit der wir uns selbst entdecken, einander kennen lernen, uns mitteilen und sogar Gott nachzuspüren vermögen, gilt es erlebbar werden zu lassen.

Beispiele und Vorlagen sind als Anregungen gedacht, die weiterentwickelt werden können und zu eigenen Experimenten ermutigen wollen. Jeder einzelne Gestaltungsvorschlag kann wie ein Baustein verwendet werden.

Das hier zunächst vorgestellte Erfahrungs-Programm in zehn Schritten geht von dem Grundsatz aus, dass alles, was ich für mich entdecke und als hilfreich erlebe, ich auch an andere überzeugend vermitteln kann.

Es geht bei dieser Art der gestalteten Sprache um freie Lyrik nach bestimmten, sehr einfachen Gesetzmäßigkeiten und Grundmustern, wie sie auch Kinder ab dem 3. Schuljahr gestalten können, die ein Vertiefen, Konzentrieren und Verbalisieren von Glaubenserfahrungen ermöglicht.

Zum anderen ist das Erlebnis des expressiven, freien Malens ein nonverbaler Weg, mich mitzuteilen, der keinerlei Altersbegrenzung kennt. In beiden Wegen geschieht eine sehr persönliche Annäherung und Begegnung mit den Aussagen der Bibel.

In allem, was wir tun, sind wir identisch, sind wir eine ganz besondere, einmalige und unverwechselbare Persönlichkeit mit ihren Prägungen und Konturen. Und als solche werden wir uns auch in allem Erleben beim kreativen Schreiben entdecken.

Jeder Schritt des Gestaltens wird inszeniert, d.h. gestaltet und eingeführt, damit der Zugang und die Freiheit des Gestaltens erleichtert werden. Dazwischen sind Elemente des Singens, Musizierens und Bewegens eingestreut, damit für die nächsten Schritte die nötige Offenheit und Unbeschwertheit bewahrt wird.

Ein Erfahrungsprogramm für 3–4 Stunden

Schritt 1: „Wasser" – Musik (z.B. Gold-System: „Meer" oder „Musik-wolken am Meer")
In der Mitte des Raumes stehen ein Krug mit klarem, kaltem Mineralwasser und verschiedene Becher. Eine Schüssel mit Wasser und Handtücher liegen bereit.
Ein Text von Antoine de Saint-Exupéry „Wasser" wird vorgelesen:

> *„Wasser,*
> *du hast weder Geschmack, noch Farbe, noch Aroma.*
> *Man kann dich nicht beschreiben.*
> *Man schmeckt dich, ohne dich zu kennen.*
> *Es ist nicht so, dass man dich zum Leben braucht:*
> *Du selbst bist das Leben!*
> *Du durchdringst uns als Labsal,*
> *dessen Köstlichkeit*
> *keiner unserer Sinne auszudrücken fähig ist.*
> *Durch dich kehren uns alle Kräfte zurück,*
> *die wir schon verloren gaben.*
> *Dank deiner Segnung*
> *fließen in uns wieder alle*
> *bereits versiegten Quellen der Seele.*
> *Du bist der köstlichste Besitz dieser Erde."*

Aufforderung an die Teilnehmenden:
> *„Bitte, bedienen Sie sich!", „Bitte, bedient euch!"*
> *Wir waschen die Hände oder trinken das Wasser, geben es weiter ...*

Aufforderung an die Teilnehmenden:
> *„Bitte formulieren Sie / formuliert jetzt einen Gedanken, der für Sie / euch wichtig ist."*

Papiertropfen und -wellen aus blauem Tonpapier liegen bereit.

Schritt 2: Auf einem Tisch liegen sehr viele verschiedene Bilder (z.B. Kalenderblätter) mit verschiedensten Darstellungen von Landschaften, Häusern und Gegenständen.
Jede/r sucht sich ganz unüberlegt / spontan ein Bild aus.
Alle betrachten dieses Bild etwa 50–60 sec, geben ihm ein Thema (ein Wort, einen Begriff, einen Satz) – Papierstreifen in verschiedenen Farben liegen bereit – und legen es dann zusammen mit dem ersten Gedanken zum „Wasser" beiseite.

Schritt 3: Gesangbücher / Liederbücher liegen bereit.
Wir singen zur Sammlung, Beruhigung und zur Konzentration auf etwas Neues ein ruhiges Taizé-Lied (z.B. aus dem EG 596, 600, 789.6, 181.6).

Schritt 4: Aus einer Auswahl verschiedener Psalmworte wählt sich jede/r eines aus und rezitiert es für sich im langsamen Herumgehen im Raum leise etwa 20–30 Mal. Alle kommen an die Tische zurück.
Sanfte Musik (z.B. „Marimbach", Panflötenmusik o.a.) im Hintergrund.
Vor jeder/m liegt ein Blatt weißes Papier oder Packpapier und Wachsmalkreiden.
Wir malen ganz frei – ungegenständlich –, was wir empfinden und denken. Die Ergebnisse legen wir auf einem Seitentisch ab.

Schritt 5: Musik (z.B. von Rondo Veneziano)
Wir bewegen uns frei-tänzerisch im Raum, ob in Gruppen oder allein ist ganz freigestellt. Als Bewegungshilfe sind einige bunte Chiffontücher bereitgelegt. Das von uns ausgewählte Tuch legen wir dann zu dem Bild auf dem Seitentisch.

Schritt 6: Vorstellung der Cinquain-Gedicht-Form
Der Cinquain hat seinen Namen aufgrund seines besonderen Stils. Cinquain (frz. fünf) bezieht sich auf die fünf Zeilen des Gedichtes:

1. Zeile: Titel (ein Hauptwort, ein Wort, das Thema des Gedichtes)
2. Zeile: Beschreibt den Titel näher (zwei Wörter)
3. Zeile: Eine Aussage in Bezug auf den Titel, die ein Handeln, Tun oder Sein beschreibt (drei Wörter)
4. Zeile: Meine Empfindungen und Gefühle in Bezug auf den Titel (vier Wörter)
5. Zeile: Bezieht sich wieder auf den Titel und umschreibt ihn (ein Wort)

Beispiel:
Geborgenheit
Schutzraum Gottes
Mich ganz umgebend
Grund unter den Füßen
Jesus

Wir schreiben einen Cinquain zu dem Thema des von uns in Schritt 2 ausgesuchten Bildes / bzw. Themas. Cinquain-Vorlagen mit Leerzeilen liegen bereit.
Wir lesen einander die Gedichte nicht vor, sondern legen sie einfach zu unserer persönlichen ‚Sammlung' auf dem Seitentisch.

Schritt 7: Auflockerndes Singen (z.B. der Refrain eines Kinderliedes: *„Ba-ba-dum-bam-bam"* oder *„Ho-ho-Hosianna"* in: Du bist Herr – Kids, Projektion J Buch- und Musikverlag GmbH, Wiesbaden 1996, S. 12 f., S. 96).

Wir unterstützen diesen Sprechgesang mit Rhythmusinstrumenten zur Lockerung und Entspannung.

– PAUSE (ca. 30 Minuten) –

Schritt 8: Vorstellung der Haiku-Gedicht-Form

Der Haiku ist eine japanische Gedichtform. Er besteht aus drei Zeilen, die sich nicht reimen (insgesamt 17 Silben). Er hat bei aller Unvollständigkeit der Aussagen die Fähigkeit, bei den Hörenden Bilder, Empfindungen und Gefühle zu wecken.

Es ist eine der leichtesten Gedichtformen, die zugleich eine große Dichte und Tiefe erreichen kann.

1. Zeile: fünf Silben
2. Zeile: sieben Silben
3. Zeile: fünf Silben

Beispiel:

In dei-nen Au-gen
möch-te ich ganz ver-sin-ken
nie mehr auf-tau-chen.

Kraft der Bewegung
reißt mich empor, Gott, zu dir
Flügelschlag Leben

Ohne zu fragen
um deiner Liebe willen
gehe ich mit dir

Wir schreiben einen Haiku zu unserem Ersteindruck von Schritt 1 (Tropfenblatt) auf Haiku-Vorlagen. (Dazu wird die gleiche Musik wie bei Schritt 1 gespielt.)

Schritt 9: Austausch

Jede/r nimmt nun alle ihre/seine Ergebnisse und legt sie vor sich zusammen, liest und betrachtet sie und entdeckt vermutlich einen „Roten Faden" in allem Entstandenen.

Wir lassen einander teilnehmen an unserem Erleben durch Erklären/Zeigen unserer Bilder und Vorlesen der Gedichte.

Jede/r zieht ein persönliches Resümee.

Wenn durch dieses Erfahrungsprogramm in einer Gruppe die Freude am kreativen Schreiben geweckt wurde, können weitere Möglichkeiten und Ideen vorgestellt werden und zum Nachgestalten ermutigt werden.

Schritt 10: Kurze Vorstellung weiterer Möglichkeiten/Material

1. Möglichkeit: Grafische Bildgestaltung zu einem Begriff, um dessen Bedeutung während der Gestaltungsphase gleichsam von innen her zu entdecken (z.B. Licht-Kerzen, Friedens-Taube; siehe Illustration auf S. 63)
Beispiel: Friedenstaube
In einer Gesprächsrunde wird das Stichwort „Frieden" miteinander beleuchtet. Einzelne Teilnehmende erzählen kurze Erlebnisse oder eigene Erfahrungen. Das Friedenssymbol „Taube" wird kurz vorgestellt und/ oder mit einer Geschichte eingeführt.
Jede/r Teilnehmer/in erhält ein weißes Blatt und einen farbigen Stift in Blau oder Schwarz (evtl. mit einer einfachen Hand-Skizze einer Taube). In der Gestaltungsphase wird das ganze Papier mit dem Begriff „Frieden" (und andere Begriffe aus der Wortfamilie: friedlich, friedvoll, befriedet ...) so gefüllt, dass am Ende nur noch die Taube als weiße Fläche zu sehen ist.

2. Möglichkeit: Expressives Schreiben eines Bibelwortes durch Schriftgestaltung (siehe Illustration auf S. 64)
Texte erhalten durch diese Methode einen ganz individuellen Charakter. Durch die Gestaltung wird sichtbar, wo jede/r Einzelne ihren/seinen persönlichen Zugang hat. In einer sich anschließenden Phase der Vorstellung der Ergebnisse wird die grafische Gestaltung gleichsam eine Deutung des Textes in die Lebenssituation hinein.
Anleitung zum kreativen Schreiben eines Bibelverses:
Zunächst sprechen wir den gewählten Bibelvers laut, er wird mehrmals rezitiert, um den Sinngehalt für mich zu erschließen. Meine Gedanken bleiben meist an bestimmten Stellen hängen. Ich schreibe den Bibelvers und unterstreiche darin einzelne Begriffe, die mir wichtig sind.
Ich schreibe den Vers noch einmal und hebe diese Begriffe jetzt durch Größe, Farbe oder/und Form besonders hervor.
Wenn die Textaussage eine Bewegung oder Dynamik enthält, verlasse ich die Linien und schreibe frei auf dem Blatt (aufwärts, abwärts, in Wellen, im Kreis herum usw.).
Ich suche Symbole, die zur Aussage passen, und schreibe den Text oder einzelne Worte in das Symbol, um es herum oder in Symbolform (Fisch, Herz, Baum, Blatt ...). Ich wähle Farben, welche die Aussage verdeutlichen, Gegensätze sichtbar machen ...

3. Möglichkeit: Bibelworte in Mundart

In Gegenden und Gruppen, in denen mehrheitlich Mundart gesprochen wird, kann es eine Hilfe sein, den durch die Hochsprache distanzierten Text in das eigene Idiom zu übersetzen, um der Lebenswirklichkeit näher zu kommen. Wir übertragen einen biblischen Text oder auch nur einen Vers in Mundart, z.B. auf Hessisch, um dem Sinngehalt auf die Spur zu kommen.

In der Mundart erhält die biblische Aussage eine Unmittelbarkeit und Verständlichkeit besonderer Art. Solche mundartlichen Texte lassen sich gut in Gottesdienste einbinden. Speziell Andachten mit Jugendlichen werden echter und griffiger, wenn sie ihre eigenen Formulierungen verwenden können.

4. Möglichkeit: Bild-Bibelworte wie in alten Schrift-Bilder-Bibeln zeichnen

(siehe Illustration auf S. 66). Mit dieser Methode können ganze Spruchsammlungen angelegt werden, die sehr originell sind.

Alle Begriffe, die durch Symbole oder Bilder ersetzt werden können, werden aus dem Text entfernt und an ihrer Stelle Bilder eingesetzt.

Daraus ergibt sich eine Art Bilder-Rätsel, das dazu einlädt, es mit anderen auszutauschen und zu vergleichen. Es bedarf des Gesprächs und der „Übersetzungshilfe" der Schreiber/innen, um verwendete Bilder oder Symbole wieder zu entschlüsseln.

Diese Methode eignet sich auch gut, um Sprüche auswendig zu lernen, da die Bilder sich meist besser einprägen als der Text allein.

5. Möglichkeit: Briefe zu bestimmten Themen oder Anlässen „an Gott schreiben"

In manchen Situationen spüren wir eine Hilflosigkeit und einen starken Erklärungsnotstand, der durch Wort und Wissen nicht zu decken ist. Es kann eine Hilfe sein, wenn wir Gelegenheit geben, der Spannung, den Fragen, Ängsten oder Bitten einen Raum einzuräumen, der uns aber auch entlastet und entpflichtet, auf alles eine Antwort geben zu wollen.

Zum Beispiel:

„Lieber Gott, ich bin froh ... / ich bin traurig über ... / ich wünsche mir ..."

„Guter Gott, wenn ich an ... (z.B. aktuelle Situation aus den Nachrichten) denke, dann möchte ich dich fragen ... / mit dir reden über ... / dich bitten ..."

Diese Briefe können z.B. als „Buch" zusammengeheftet in die Kirche mitgenommen werden und dort auf dem Altar einen Platz finden.

Wir legen sie ab und sprechen einen gemeinsamen Satz:

58

„Alles, was uns bewegt, was wir verstehen oder nicht, worauf wir gern eine Antwort hätten, legen wir, guter Gott, vor dich und bitten dich um dein offenes Ohr und mitfühlendes Herz!"

Wichtig ist, dass solche Briefe diskret behandelt werden, weil in ihnen etwas sehr Persönliches und Eigenes ausgedrückt wird. Die Schreibenden selbst entscheiden, wer sie lesen soll, ob sie vorgelesen werden oder nicht und ob und wo sie aufbewahrt werden sollen.

6. Möglichkeit: Vervollständigen von Aussagen (z. B. „Liebe ist"...).
In vielen Jesusgeschichten spielt die liebevolle Zuwendung zu Menschen eine große Rolle. Das Thema Nähe, Wertschätzung, Annahme und Freude aneinander betrifft Kinder, Jugendliche und Erwachsene.
Eine Ideensammlung und Blitzlichter auf unsere Assoziationen ergeben sich z. B. mit der Vorgabe eines Halbsatzes: *„Liebe ist ..."*
Jede/r hat 30 sec Zeit, diesen Satz zu ergänzen. Die einzelnen Lösungen werden reihum vorgelesen und um ein großes rotes Herz in der Mitte abgelegt (es kann auch ein flauschiges Herzkissen sein).
In einer Erweiterungsphase können verschiedene Bibelworte (Konkordanz) zum Stichwort „Liebe" aufgenommen werden, die auf die gleiche Kurzform gebracht werden. Zum Beispiel: *„Liebet eure Feinde" – „Liebe ist Aufeinander-Zugehen".*

7. Möglichkeit: Liebesgedichte als Satzergänzungen
Um zu verstehen, was jede/r unter „Liebe" versteht, was uns bei „Beziehung" oder „Freundschaft" wichtig ist, gibt es eine einfache Hilfe, die unsere Vorstellungen, Träume und Hoffnungen in einem Bild festhält. Wir versetzen uns in einen Gegenstand, einen Ort, eine Empfindung hinein und überlegen, als wen oder was wir den von uns geliebten oder geschätzten Menschen sehen.

Wäre ich ... ein Baum ...
wärst du ... ein bunter Vogel ...
Ich würde ... dir einen Ruheplatz bieten ...
und du ... würdest für mich singen ...

Trotz der schlichten und gebundenen Form kommt darin zum Ausdruck, wie jede/r sich Beziehung wünscht, wie viel Nähe oder Distanz jede/r braucht, ob es eine Zweckbeziehung, eine Nimm- oder Gib-Freundschaft ist, ob die Sehnsucht nach Beständigkeit oder der Wunsch nach einer eher lockeren Beziehung vorherrscht.
Im Beispiel ist der Baum das beständige Element, das durch den Begriff Ruheplatz noch verstärkt wird. Der bunte Vogel dagegen hat etwas Flüchtiges, Vorüberziehendes, und sein Gesang verfliegt im Wind.

Es ist sinnvoll, im Anschluss an eine Phase des Schreibens vorsichtige Rückfragen zu stellen, die helfen, den eigenen Absichten auf die Spur zu kommen. Dabei ist auf vorsichtige Formulierungen zu achten, um nicht eigene Deutungen einzureden oder indiskret ans Licht zu zerren, was den Schutzraum des Respekts vor der Persönlichkeitssphäre braucht:

„Könnte es sein, dass ...? "
„Könntest du den Baum / den Vogel näher beschreiben ...? "
„Ist ein Ruheplatz für dich wichtig ..., wozu, wann? "
„Welches Lied singt wohl dein Vogel ...? "

Manche Bilder lassen sich nach einem persönlichen „Interview" auch bildlich, zeichnerisch festhalten.

8. Möglichkeit: Zusammenstellen einer thematischen Zeitung zu Ostern, Weihnachten, Liebe, Hoffnung, Freude etc.
Das Modell „Zeitung" hat den Vorteil, dass eine große Gruppe in kleinen Arbeitspartnerschaften ganz unterschiedliche Beiträge ausarbeiten kann, die von Bildern mit Unterschriften, über Schlagzeilen, Leitartikel (für Schreibgeübte), humorige Anekdoten bis zu Kleinanzeigen gehen. Einzige Vorgabe ist, dass sich alles auf das gestellte Thema beziehen muss.
Meist benötigt man für die Ausarbeitung und Zusammenstellung einen Zeitrahmen von 4 bis 6 Stunden. Wenn die Möglichkeit mit PC zu arbeiten gegeben ist und ein Computerprogramm für Geburtstags- oder Hochzeitszeitungen zur Verfügung steht, lassen sich Texte in bereits vorhandene Formate eintragen und beinahe professionelle Zeitungen herstellen, was einen hohen Motivationsgrad aufweist. Die unterschiedlichen Fähigkeiten und Fertigkeiten in einer Gruppe können differenziert genutzt werden.

9. Möglichkeit: Schreiben in Symbole (siehe Illustration auf S. 63)
Einfache grafische Vorlagen eignen sich gut, um Bibelworte oder Begriffe in Schriftgestaltung zu bearbeiten.
Zum Beispiel: Psalmworte oder Gottesnamen in eine Hände-Weltkugel

Erste Aufgabenstellung ist die Vervollständigung des Satzes:
    „Gott ist für mich ..." (Fels, Schutz, Heimat, Nest ...)

Verschiedene Psalmworte können als Auswahlliste zur Verfügung gestellt werden:
    „Der Herr ist mein Licht und mein Heil", „Der Herr ist mein Hirte", „Gott ist mein Schutz und mein Halt", „Von allen Seiten umgibst du mich und hältst deine Hand über mir"... u. a.

Das Symbolblatt mit den beiden Händen kann beliebig gedreht werden, sodass die Hände oben, unten, rechts oder links sind.

In das Bild soll nun mit Worten, Texten, Bildern, Zeichen oder nur Farben eingezeichnet/eingemalt werden, wer und wo Gott ist und wo und wie ich bin. Meist ist der Kreis, die Weltkugel, der runde Raum der Platz für die eigene Person und die Hände eher der Platz für die je eigene Gottesvorstellung.

Anlage 1: Bild-Psalmworte zum Gestalten

Herr, lass leuchten über uns das Licht deines Antlitzes.	4,7
Du tust mir kund den Weg zum Leben; vor dir ist Freude die Fülle.	16,11
Herzlich lieb habe ich dich, Herr, meine Stärke! Herr, mein Fels. Meine Burg, mein Erretter, mein Gott, mein Hort, auf den ich traue, mein Schild und mein Schutz.	17,2+3
Behüte mich wie einen Augapfel im Auge, beschirme mich unter dem Schatten deiner Flügel.	17,8
Es umfingen mich des Todes Bande und die Fluten des Verderbens erschreckten mich.	18,5
Du machst hell meine Leuchte, der Herr, mein Gott, macht meine Finsternis licht.	18,29
Die Himmel erzählen die Ehre Gottes und die Feste verkündigt seiner Hände Werk.	19,1
Er wird meinen Fuß aus dem Netz ziehen.	25,15
Er birgt mich im Schutz seines Zeltes.	27,5
Du hast mir den Sack der Trauer ausgezogen und mich mit Freude gegürtet.	30,12
Du stellst meine Füße auf weiten Raum.	31,9
Schmecket und seht, wie freundlich der Herr ist. Wohl dem, der auf ihn trauet.	34,9
Bei dir ist die Quelle des Lebens.	36,10
Befiehl dem Herrn deine Wege und hoffe auf ihn, er wird's wohl machen.	37,5
Alle deine Wasserwogen und Wellen gehen über mich.	42,8
Aus Zion bricht an der schöne Glanz Gottes.	50,2
Rufe mich an in der Not, so will ich dich erretten und du sollst mich preisen.	50,15
Wasche mich, dass ich schneeweiß werde.	51,9
Schaffe in mir, Gott, ein reines Herz und gib mir einen neuen, gewissen Geist.	51,12
Ich werde bleiben wie ein grünender Ölbaum im Hause Gottes; ich verlasse mich auf Gottes Güte.	52,10
O hätte ich Flügel wie Tauben, dass ich wegflöge und Ruhe fände.	55,8
Wirf dein Anliegen auf den Herrn; der wird dich versorgen.	55,23

61

Sammle meine Tränen in deinen Krug.	56,9
Auf Gott hoffe ich und fürchte mich nicht; was können mir Menschen tun?	56,12
Wach auf, meine Seele, ich will das Morgenrot wecken; denn deine Güte reicht, so weit der Himmel ist.	57,10+11
Gott, der du die Erde erschüttert und zerrissen hast, heile ihre Risse; denn sie wankt.	60,4
Er leitete sie die ganze Nacht mit einem hellen Feuer.	78,14
Das Werk unserer Hände wollest du fördern.	90,17
Das Feld sei fröhlich und alles, was darauf ist; es sollen jauchzen alle Bäume im Wald vor dem Herrn.	96,12
Lobe den Herrn, meine Seele, und vergiss nicht, was er dir Gutes getan hat.	103,2
Herr, mein Gott, Licht ist dein Kleid, das du anhast.	104,2
Du sendest aus deinen Odem, du machst neu die Gestalt der Erde.	104,30
Er führte sie aus Finsternis und Dunkel und zerriss ihre Bande.	107,14
Er zerbricht eherne Türen und zerschlägt eiserne Riegel.	107,16
Er gab dem dürren Land Wasserquellen.	107,35
Dies ist der Tag, den der Herr macht, lasst uns freuen und fröhlich darinnen sein.	118,24
Dein Wort ist meines Fußes Leuchte und ein Licht auf meinem Wege.	119,105
Meine Hilfe kommt von dem Herrn, der Himmel und Erde gemacht hat.	121,2
Die mit Tränen säen, werden mit Freuden ernten.	126,5
Von allen Seiten umgibst du mich und hältst deine Hand über mir.	139,5
Nähme ich Flügel der Morgenröte ... so würde auch dort deine Hand mich führen.	139,9
Führe mich aus dem Kerker, dass ich preise deinen Namen.	142,8
Er zählt die Sterne und nennt sie alle mit Namen. Unser Herr ist groß!	147,4

Anlage 3: Möglichkeiten der Schriftgestaltung durch Schreiben

Symbole – Auswahl

Für Christus: A und O, Ähre, Fels, Fisch, Kelch, Kreuz, Weinstock, XP (die griechischen Buchstaben Chi und Rho als Anfang des Namens, Christus'), Farben: rot, weiß, silber.

Für Gott: Dreieck (mit Auge), Hand, Kreis, Regenbogen, Wolke, Farben: gold, blau, rot.

Für Heiliger Geist: Taube, Feuerflammen, Pflanze, Farben: grün, orange.

Für Ewigkeit: Eiche, Leiter, Rad, Ring, Quelle, Farben: gold, gelb.

Für Leben: Baum, Eiche, Ei, Zweig, Farbe: grün.

Für Vergebung: Brunnen, Lilie, Regenbogen, Wasser, Farben: silber, weiß.

Anlage 4: Bibel auf Hessisch

*Ei, sähd doch uf misch! Isch bin bei eisch heid und morje
und bis die Weld nimme dudd.
Matthäus 28,20*

*Frochd, dann werd eisch gewwe,
guckd, do wenna finne,
glopfd o, do werd eisch uffgemochd.
Lukas 11*

*Isch heb mei Aache uff zu dir, der du im Himmel wonscht.
Psalm 123,1*

*Zu där Zeid ging Jesus dorsch a Kornfeld am Sawwat
un soi Jinger wore hungrisch un finge o Äire auszuraafe und zu esse.
Matthäus 12,1*

*Unner Goddes Schuds
Wer unner dem Schärm des Hegschde sitzd
un unner dem Schadde des Allmäschdigge bleiwd,
der babbeld zum Herrn: Moi Zuversischd un moi Burg,
moi Godd, uff den isch hoff.
Psalm 91*

*Awwer so sin die Goddloose net, sonnern wie Sprei,
die de Wind verstrahd.
Psalm 1*

Anlage 5: Bibelworte in Bilder-Sprache

Beispiel aus: Cürieuse Bilder-Bibel oder die vornehmsten Sprüche heiliger Schrift in Figuren vorgestellt, wodurch dieselben der zarten Jugend auf eine angenehme und ergötzende Art bekannt gemacht werden können.

126   Matth. 3, v. 10.

Es ist die [Axt] den

[Bäume] schon an die [Wurzel]

gelegt:

darum welcher [Baum] nicht

gute [Früchte] bringet,

wird abgehauen,

und ins [Feuer] geworfen.

Es ist die *Axt* den *Bäumen* schon an die *Wurzel* gelegt: darum welcher *Baum* nicht gute *Früchte* bringet, wird abgehauen und ins *Feuer* geworfen.

Anlage 6: Liebesgedichte in gebundener Form

<u>FORM:</u>

Wäre ich ...
wärst du ...
Ich würde ...
und du ...

Wäre ich ein Baum
wärst du ein Vogel
Ich würde stillhalten
Und du würdest singen nur für mich!
Stefanie

Wäre ich der Sommerwind
Wärst du eine duftende Blumenwiese
Ich würde ewig über dich fliegen
Und du wüsstest, dass ich bei dir wäre.
Sabrina

Wäre ich die Sonne
Wärst du der Mond
Ich würde dich wärmen
Und du mich kühlen.
Christian

Wäre ich ein kleiner, freier Spatz
Wärst du eine große, alte Eiche
mit einer mächtigen Krone
Ich würde mir auf deinem dicksten Ast
ein kleines Nest bauen
Und du würdest mir Schutz und Geborgenheit geben.

Wäre ich das starrkalte, ewige Eis
Wärst du das heiße, lodernde Feuer
Ich würde meine Schollen in deine tanzenden Flammen werfen
Und du und ich, wir würden einswerden
und würden als weißer Rauch hoch in den Himmel steigen.
Tina

Wäre ich der Sound
Und du die Musik
Ich würde für dich spielen
Und du spieltest mit.
Alexandra

Wäre ich eine zarte, rosarote Rose
Und du eine fallende, schon leicht angewelkte Blüte
Würde ich mit dir verwelken
Und du müsstest den langen Weg des Vertrocknens
nicht allein gehen.
Janette

Wäre ich eine Wolke
wärst du ein Engel
Du würdest dich auf mich setzen
und immer bei mir sein
Und ich würde dich weit forttragen.
Sabrina

Wäre ich eine Rose am Verwelken
Wärst du das Wasser, das mich retten würde
Du würdest mich wieder zum Blühen bringen
Und ich würde dir mit meinem schönsten Dufte danken.
Simone

Wäre ich ein Duden
Dann wärst du die Schrift
Ich würde dich umhüllen
Und du wärst der Mittelpunkt für mich.
Hermann

Wäre ich ein Auto
Wärst du die Straße
Ich würde dich immer berühren
Und du würdest mich immer spüren.
Ramazan

Wäre ich ein großer, mächtiger Adler
Wärst du ein hübscher, kleiner Spatz
Ich würde auf dich fliegen und dich für immer beschützen
Und du würdest dich geborgen und in Sicherheit fühlen.
Birol

Wäre ich ein Blitz
Wärst du ein Blitzableiter
Ich würde bei dir einschlagen
Und du würdest mich sanft hinunterleiten.
Ali

Wäre ich ein Baum,
Wärst du die schönste Blüte an mir
Ich würde dich hüten,
Und du dankst es mir mit deiner Schönheit.
Bianca

(Beispiele aus einer 9. Klasse Hauptschule)

5. KREATIVE ZUGÄNGE ZU LIEDERN UND LITURGISCHEN STÜCKEN

Einleitung: Die Tatsache, dass viele Lieder unserer kirchlichen Gesangbücher bei jungen Menschen nicht mehr verstanden werden, hängt teilweise mit der oft altertümlichen Sprache und Melodie zusammen. Viele dieser „alten Lieder" sind aber Spiegel von Gottes- und Lebenserfahrungen, die zeitlos sind. Es lohnt daher die Mühe, Zugangswege zu suchen, die bedeutsamen Inhalte und Aussagen zu erschließen und sich nicht vorschnell von der Fremdheit abschrecken zu lassen. Die vorgestellten Lied-Beispiele sind verschiedenen Themen zugeordnet. Die Methoden wurden vor allem mit Jugendlichen zwischen 12 und 18 Jahren erprobt.

Alle Lieder, die verwendet werden, sollten mittels Overheadprojektor und Folie für alle gut sicht- und lesbar sein. Werden Texte gestaltet, gelesen oder verändert, müssen sie als Kopie für jede/n Teilnehmende/n vorhanden sein.

Bei den Lied-Beispielen ist jeweils ein Stichwort beigegeben, das die thematische Zuordnung und Einsatzmöglichkeit angibt, z. B. Geborgenheit, Morgen, Passion o. a.

5.1 Liedtexte zu meditativer Musik sprechen

In Gruppen, die nicht gern singen oder denen die älteren Melodien nicht vertraut sind, kann der Liedtext allein dennoch sinnvoll eingesetzt werden. Der Schwerpunkt liegt auf dem gesprochenen und gehörten Wort.

Einige Vorübungen sind hilfreich:
- Ruhig und entspannt atmen, dabei locker stehen, Knie nicht durchgedrückt, Schultern entspannt, oder aufrecht auf den Sitzknochen sitzen. Man kann auch ruhig im Raum im Kreis gehen.

- Auf deutliches, rhythmisiertes Sprechen achten. Der Text wird zunächst zum Kennenlernen vorgelesen.

- Als Vorübung können alle Worte mit einem „o" (Gott, Sohn, Sonn', Mond, Wort, Hort) langsam und deutlich gesprochen werden, dabei auf eine offene Mundhöhle und deutliche Lippenstellung achten. Es können auch alle Worte mit ‚a' ausgewählt werden, dann auf den Klang des Staunens achten „Ah!"

- Fremdklingende Formulierungen zunächst nicht diskutieren oder erklären wollen; denn sie erschließen sich oft nach und nach im Sinnzusammenhang.

- Die ausgewählte Musik sollte keinen zu starken Rhythmus haben, um nicht das gleichmäßige Miteinander-Sprechen zu stören.

- Die regelmäßige Wiederholung, z.B. am Anfang einer Stunde, verstärkt die Wirkung und schenkt mit der Zeit Sicherheit.

Musik im Hintergrund zur Untermalung, z.B.: J. Ch. Michel, *Music sacré*

Beispiel: *Morgenlied (EG 445,1+5;* Heinrich Albert 1642)

> *Gott des Himmels und der Erden, Vater, Sohn und Heilger Geist,*
> *der es Tag und Nacht lässt werden, Sonn' und Mond uns scheinen heißt,*
> *dessen starke Hand die Welt und was drinnen ist, erhält.*

> *Führe mich, o Herr, und leite meinen Gang nach deinem Wort;*
> *sei und bleibe du auch heute mein Beschützer und mein Hort.*
> *Nirgends als von dir allein kann ich recht bewahret sein.*

5.2 Liedtexte sprechen und mit Pantomime gestalten

Bei Liedern, in denen an bestimmten Stellen Textwiederholungen vorkommen und deren Strophen eine deutliche Gliederung aufweisen, eignet sich die Kombination von Pantomime und Sprechen: Einzelne Strophenteile werden gesprochen, gerufen oder gesungen, andere werden pantomimisch ausgedrückt.

In (Zweier-)Gruppen werden einzelne Strophen bearbeitet (5 min). Nacheinander werden die Lösungen vorgestellt. Zum Schluss wird das Lied noch einmal im Ganzen gelesen.

Beispiel: *Umkehr (EG 392,1– 5.7; Gerhard Tersteegen 1735)*

Aufgabe: Die unterstrichenen Textteile sprechen, rufen oder ansingen, den restlichen Text als Pantomime gestalten.

> *Gott rufet noch. Sollt ich nicht endlich hören? Wie lass ich mich bezaubern und betören?*

Die kurze Freud, die kurze Zeit vergeht, und meine Seel' noch so gefährlich steht.

Gott rufet noch. Sollt ich nicht endlich kommen? Ich hab so lang die treue Stimm vernommen.
Ich wusst es wohl: ich war nicht, wie ich sollt. Er winkte mir, ich habe nicht gewollt.

Gott rufet noch. Wie, dass ich mich nicht gebe! Ich fürcht sein Joch und doch in Banden lebe.
Ich halte Gott und meine Seele auf. Er ziehet mich; mein armes Herze, lauf!

Gott rufet noch. Ob ich mein Ohr verstopfet, er stehet noch an meiner Tür und klopfet.
Er ist bereit, dass er mich noch empfang. Er wartet noch auf mich, wer weiß, wie lang?

Gib dich, mein Herz, gib dich nun ganz gefangen. Wo willst du Trost, wo willst du Ruh erlangen? Lass los, lass los, brich alle Band entzwei! Dein Geist wird sonst in Ewigkeit nicht frei.

Ich folge Gott, ich will ihm ganz genügen. Die Gnade soll im Herzen endlich siegen.
Ich gebe mich; Gott soll hinfort allein und unbedingt mein Herr und Meister sein.

Daraus kann in Verbindung mit dem *Liedruf EG 615 „Kehret um“*, der zwischen den einzelnen Strophen gesungen wird, die Choreografie eines Gebets entstehen, das als Baustein in einen Gottesdienst oder eine Feier eingefügt werden kann.

Beispiel: *Nachfolge (EG 394,1–5; August Hermann Franke 1889)*

Dieses Lied eignet sich auch zu einem „Umzug“ oder einem „Pilgerweg“ mit verschiedenen (Lebens-)Stationen, die von den Teilnehmenden selbst als Plakate oder Bilder gestaltet wurden und an verschiedenen Stellen im Raum oder im Freien postiert wurden.

Nun aufwärts froh den Blick gewandt und vorwärts fest den Schritt!
Wir gehn an unsers Meisters Hand und unser Herr geht mit.

Vergesset, was dahinten liegt und euern Weg beschwert;
was ewig euer Herz vergnügt, ist wohl des Opfers wert.

Und was euch noch gefangen hält, o werft es von euch ab!
Begraben sei die ganze Welt für euch in Christi Grab.

So steigt ihr frei mit ihm hinan zu lichten Himmelshöhn.
Er uns vorauf, er bricht uns Bahn – wer will ihm widerstehn?

Drum aufwärts froh den Blick gewandt und vorwärts fest den Schritt!
Wir gehn an unsers Meisters Hand und unser Herr geht mit.

5.3 Liedtexte mit Bildern gestalten

Die in den Texten vorkommenden wichtigen Symbole oder Begriffe werden gestaltet, gedeutet und in unsere Zeit übertragen.

Material: Große, weiße Papiere für jede Gruppe (DIN A 3 oder A 2), Begriff- oder Symbol-Wortkarten, Wachsmalstifte.

Die acht Symbole im folgenden Lied werden auf Karten geschrieben.

Beispiel: *Geborgenheit (EG 407,1+2; C.F.A. Krummacher 1857)*
Stern, auf den ich schaue,
Fels, auf dem ich steh,
Führer, dem ich traue,
Stab, an dem ich geh,
Brot, von dem ich lebe,
Quell, an dem ich ruh,
Ziel, das ich erstrebe,
alles, Herr, bist du.

Ohne dich, wo käme Kraft und Mut mir her?
Ohne dich, wer nähme meine Bürde, wer?
Ohne dich zerstieben würden mir im Nu
Glauben, Hoffen, Lieben,
alles, Herr, bist du.

In acht Gruppen tauschen wir aus, was uns z.B. bei dem Stichwort „Stern" einfällt.
Dann wird dazu jeweils ein Symbolbild in der Gruppe (mindestens DIN A 3) gemalt (z.B. mit Wachsmalstiften).
Jede Gruppe schreibt auf die Rückseite der Wort-Karte eine kurze Deutung auf die Frage: Was bedeutet „Gott – mein Stern" für uns?
Nacheinander stellen wir unser Bild vor und legen es mit der Karte in die Mitte, damit am Schluss alle Symbole beisammen sind.

Gemeinsam sprechen wir: *„Alles, Herr, bist du."*

Danach kann das Lied gesungen oder gelesen werden.

5.4 Liedtexte mit Instrumenten gestalten

Einzelne Passagen in einem Lied, die durch Unterstreichung deutlich gemacht sind, werden mit Instrumenten in Klang-/Geräuschbilder umgesetzt.

Zur musikalischen Bearbeitung eignen sich alle Arten von Orff- oder Rhythmusinstrumenten, südamerikanische „Regenmacher", aber auch Melodieinstrumente, die verfremdet eingesetzt werden (z.b. kann eine Gitarre als Klangkörper dienen, wenn mit einem flachen Stab auf die Seiten geschlagen wird, mit Blockflötenköpfen können schmerzliche, klagende Laute erzeugt werden, wenn man das Luftloch teilweise verschließt u.v.m.).

Einzelne Kleingruppen bearbeiten je eine Strophe.
(Zeit etwa 10–15 Min.)

Nacheinander sprechen die Gruppenmitglieder ihre Strophe und bieten dann die musikalische Deutung an (oder es wird nur die musikalische Deutung zu einem Thema z.B. „Tiefste Seelennot" vorgestellt).

Ein Kehrvers/Refrain wird gemeinsam gesprochen oder gesungen (evtl. begleitet oder untermalt mit einem Melodieinstrument – je nach Möglichkeit).

Beispiel: *Passion mit Dankchorus (EG 86,1–4; E. Ch. Homburg 1659)*

Jesu, meines Lebens Leben, Jesu, meines Todes Tod,
der du dich für mich gegeben in die tiefste Seelennot,
in das äußerste Verderben, nur dass ich nicht möchte sterben:
Refr.: Tausend-, tausendmal sei dir, liebster Jesu, Dank dafür.

Du, ach du hast ausgestanden Lästerreden, Spott und Hohn, Speichel,
Schläge, Strick und Banden, du gerechter Gottessohn,
nur mich Armen zu erretten von des Teufels Sündenketten.
Refr.: Tausend-, tausendmal sei dir, liebster Jesu, Dank dafür.

Du hast lassen Wunden schlagen, dich erbärmlich richten zu,
um zu heilen meine Plagen, um zu setzen mich in Ruh;
ach, du hast zu meinem Segen lassen dich mit Fluch belegen.
Refr.: Tausend-, tausendmal sei dir, liebster Jesu, Dank dafür.

Man hat dich sehr hart verhöhnet, dich mit großem Schimpf belegt,
gar mit Dornen dich gekrönet: Was hat dich dazu bewegt?
Dass du möchtest mich ergötzen, mir die Ehrenkron aufsetzen.
Refr.: Tausend-, tausendmal sei dir, liebster Jesu, Dank dafür.

5.5 Liedtexte mit Hilfsmitteln gestalten (z.B. Taschenlampen)

Eine wesentliche Aufgabe der Lied-Gestaltung ist, die Identität zwischen Text und Ausdruck zu wahren und zu fördern. Wenn in einem Text vom „lauten Lob Gottes" die Rede ist, sollte er auch mit Kraft und deutlichem Stimmeinsatz vorgetragen werden. Wenn Lieder z.B. vom „Licht" singen, sollte eine Lichterfahrung ermöglicht werden, damit der Text verstärkt oder aufgeschlossen wird.

Als Vorübung wird ein Raum fast vollständig verdunkelt. Die Teilnehmenden haben sich an einem für sie „sicheren" Ort einzeln niedergelassen. In der Dunkelheit verhalten sich alle ganz leise.
Drei eingeweihte Personen lassen unerwartet von drei verschiedenen Punkten im Raum aus ihre Taschenlampen kurz aufleuchten (z.B. von einem Tisch herab, aus einer Ecke hinter dem Vorhang, unter einem Stuhl ...).
Das Experiment dauert etwa 60 Sekunden.

Im wieder beleuchteten Raum tauschen die Teilnehmenden sich über ihre Eindrücke und Empfindungen aus, diese können auch auf vorbereitete Karten geschrieben werden. Die/der Anleitende stellt das Epiphanias-Lied vor, in dem Christus als das Licht in der Finsternis beschrieben wird. Die bedeutsamen Textstellen werden vorgelesen.

Alle Teilnehmenden haben ein Feuerzeug oder eine Taschenlampe in der Hand. Der Raum wird wieder verdunkelt.
Nur die/der Anleitende hat eine kleine Leselampe, die durch ein dunkles Tuch abgeschirmt ist.
Eine/r liest das Lied langsam und deutlich vor. Bei den Stichworten „Licht", „Glanz", „Strahl" o.ä. lässt jede/r ihr/sein Licht aufblitzen.

Beispiel: *Epiphanias-Lied (EG 74,1–4; J. G. Herder, um 1800)*
  Du Morgenstern, du Licht vom Licht, das durch die Finsternisse bricht,
  du gingst vor aller Zeiten Lauf in unerschaffner Klarheit auf.
  Du Lebensquell, wir danken dir, auf dich, Lebend'ger, hoffen wir;
  denn du durchdrangst des Todes Nacht, hast Sieg und Leben
  uns gebracht.
  Du ewge Wahrheit, Gottes Bild, der du den Vater uns enthüllt,
  du kamst herab ins Erdental mit deiner Gotterkenntnis Strahl.
  Bleib bei uns, Herr, verlass uns nicht, führ uns durch Finsternis
  zum Licht,
  bleib auch am Abend dieser Welt, als Hilf und Hort uns zugesellt.

Eine Gesprächsrunde über die Lichterfahrung kann sich anschließen. Danach wird das Lied gemeinsam gelesen.

5.6 Liedtexte als Wort-/Reim-Puzzle

Um dem Inhalt und der Form eines alten/fremden Liedes auf die Spur zu kommen, eignet sich ein Puzzle-Spiel, bei dem die einzelnen Strophen „zerlegt" angeboten werden.

Die Strophen sollen nach Sinn, Inhalt und Reim geordnet werden, dabei können auch völlig neue Variationen entstehen.

Material: Für die sechs Text-Gruppen sind Kartons vorbereitet (oder Briefumschläge), in denen sich die Puzzleteile befinden.

In Kleingruppen werden Liedstrophen „gebastelt".

Anleitung: Jede Strophe besteht aus sechs Teilen, ob du die passenden findest? (Hilfe: Teil 1 und 2, Teil 4 und 5 und Teil 3 und 6 reimen sich.)

Beispiel: *Himmelfahrt (EG 123,1.3.5.6; Ph. F. Hiller 1757)*

Teil 1
1. Jesus Christus herrscht als König,
3. Gott ist Herr, der Herr ist Einer,
5. Nur in ihm, o Wundergaben,
6. Jesus Christus ist der Eine,

Teil 4
Hört's: das Leben ist erschienen,
Aller Zunge soll bekennen,
dessen Stuhl ist unumstößlich,
Er hat sie mit Blut erkaufet,

Teil 2
können wir Erlösung haben,
und demselben gleichet keiner,
alles wird ihm untertänig,
der gegründet die Gemeinde,

Teil 5
Jesus sei der Herr zu nennen,
mit dem Geiste sie getauft.
und ein ewiges Versühnen
dessen Leben unauflöslich,

Teil 3
alles legt ihm Gott zu Fuß.
die ihn ehrt als teures Haupt.
nur der Sohn, der ist ihm gleich;
die Erlösung durch sein Blut.

Teil 6
dessen Reich ein ewig Reich.
kommt in Jesus uns zugut.
dem man Ehre geben muss.
und sie lebet, weil sie glaubt.

„Unser Lied", das in der Gruppe entstand, wird zusammengeklebt oder aufgeschrieben und für alle vervielfältigt. Ein Vergleich mit dem Original bietet Gesprächsstoff über die eigenen Gründe für die gewählten Textverbindungen.

5.7 Alte Melodien in neuem Gewand

Es gibt vielfältige moderne Bearbeitungen alter Gesangbuchmelodien, die eine geringere Hemmschwelle für Jugendliche haben und durch die stärkere Rhythmisierung zur Gestaltung motivieren. Die Aufnahme dient als Playback im Hintergrund. (Zum Beispiel: ‚Choräle im neuen Sound‘, Pila Music 1987)

Jede/r sucht sich eine Strophe oder Teilstrophe aus und überlegt sich eine Bewegung, die den Text verdeutlicht.

Wenn in Zweiergruppen gestaltet wird, ergibt sich daraus ein Gespräch über die Aussage der Strophe, die gefundene Bewegung übersetzt den Inhalt gleichsam in unsere Gegenwart.

Beim Abspielen der Kassette übernimmt die ganze Gruppe die vorgestellte Bewegung und führt sie gemeinsam aus, während die Strophe gespielt wird.

Beispiel: *Angst und Vertrauen (EG 361,1.2.8.12; Paul Gerhardt 1653)*
Anlass zur Behandlung dieses Liedes war das Thema Armut, Leben der Indios in Südamerika, Grenzerfahrungen am Rande des Todes.

(Melodie: B. Gesius 1603, G. Ph. Telemann 1730; neu interpretiert von Cae Gauntt, Jan Vering, Henning Rauhut 1987; auf der Kassette ‚Choräle im neuen Sound‘, Pila music, Dettenhausen 1987)

Ein Lied zur Erfahrung von Angst und Vertrauen aus dem Jahr 1653:

Befiehl du deine Wege und was dein Herze kränkt
der allertreusten Pflege des, der den Himmel lenkt.

Der Wolken, Luft und Winden gibt Wege, Lauf und Bahn,
der wird auch Wege finden, da dein Fuß gehen kann.

Dem Herren musst du trauen, wenn dir's soll wohl ergehn;
auf sein Werk musst du schauen, wenn dein Werk soll bestehn.

Mit Sorgen und mit Grämen und mit selbsteigner Pein
lässt Gott sich gar nichts nehmen, es muss erbeten sein.

Ihn, ihn lass tun und walten, er ist ein weiser Fürst
und wird sich so verhalten, dass du dich wundern wirst,

wenn er, wie ihm gebühret, mit wunderbarem Rat
das Werk hinausgeführet, das dich bekümmert hat.

Mach End, o Herr, mach Ende mit aller unsrer Not;
stärk unsre Füß und Hände

und lass bis in den Tod
uns allzeit deiner Pflege und Treu empfohlen sein,
so gehen unsre Wege gewiss zum Himmel ein.

5.8 Liedgestaltung mit Textvariationen

Zu dem bekannten Epiphaniaslied *„Jesus ist kommen"* gibt es eine Variante als Kanon, die sich auf die ersten beiden Zeilen einer Strophe beschränkt und dadurch leicht einüben lässt.

Johann Ludwig Konrad Allendorf (1736)
Kanon für 2 Stimmen + Ostinato
Bodo Hoppe
© Carus Verlag Stuttgart

1. Je - sus ist kom-men, Grund e - wi - ger Freu - de,
2. Je - sus ist kom-men, der Kö - nig der Eh - ren,
3. Je - sus ist kom-men, die Ur - sach zum Le - ben.

A und O, An-fang und En - de steht da.
Him - mel und Er-de, rühmt sei - ne Ge - walt.
Hoch - ge - lobt sei der er - bar-men - de Gott.

Ostinato

A und O,—— An- fang und En-de steht da.

(aus: „Ich will den Herren loben", 44 Kanons von Bodo Hoppe, Verlag des Evangelischen Sängerbundes, Wuppertal 1970)

Zunächst sollen aus den Textbausteinen der zwei Spalten eigene Zusammenstellungen gefunden werden, die eine persönliche Aussage über das Kommen Jesu Christi für uns aussprechen.

Jede/r (auch als Gruppe möglich) schreibt den neuen Vers (Zweizeiler) auf eine Karte.

Alle „neuen" Strophen lassen sich auf die Kanonmelodie von Bodo Hoppe singen. Der Ostinato „A und O" eignet sich auch für weniger Sangesfreudige.

<u>Beispiel:</u> *Epiphanias (EG 66; J. L. K. Allendorf 1736)*

Textbausteine zu „Jesus ist kommen"

Jesus ist kommen, Grund ewiger Freude;
Gottheit und Menschheit vereinen sich beide;

Himmel und Erde erzählet's den Heiden.
Jesus ist kommen, nun springen die Bande,
Unser Durchbrecher ist nunmehr vorhanden;
Jesus ist kommen, der starke Erlöser,
Sprenget des Feindes befestigte Schlösser,
Jesus ist kommen, der Fürste des Lebens,
Glaubt ihm, so macht er ein Ende des Bebens.
Jesus ist kommen, der König der Ehren;
Dieser Beherrscher kann Herzen bekehren;
Denkt doch, er will euch die Krone gewähren.
Jesus ist kommen, ein Opfer für Sünden,
Sündern die ewge Erlösung zu finden,
Abgrund der Liebe, wer kann dich ergründen.
Jesus ist kommen, die Quelle der Gnaden,
Holet für euren so giftigen Schaden
Hier kann das Herze sich laben und baden.
Jesus ist kommen, die Ursach zum Leben.
Der uns den Ursprung des Segens gegeben;
Selig, die ihm sich beständig ergeben.
Jesus ist kommen, sagt's aller Welt Enden.
Schwöret die Treue mit Herzen und Händen.
Amen, o Jesu, du wollst uns vollenden.

A und O, Anfang und Ende steht da.
Schöpfer, wie kommst du uns Menschen so nah!

Stricke des Todes, die reißen entzwei.
Er, der Sohn Gottes, der machet recht frei.
Bricht dem gewappneten Starken ins Haus,
Führt die Gefangenen siegend heraus.
Sein Tod verschlinget den ewigen Tod.
Himmel und Erde rühmt seine Gewalt!
Öffnet ihm Tore und Türen fein bald!
Sünden der ganzen Welt trägt dies Lamm.
Stirbt er aus Liebe am blutigen Stamm
Komme, wen dürstet und trinke wer will!
Gnade aus dieser unendlichen Füll!
Hochgelobt sei der erbarmende Gott,
Dieser verschlinget Fluch, Jammer und Tod.
Eilet, ach eilet zum Gnadenpanier!
Sprechet: wir leben und sterben mit dir.

Die selbstgefundenen Verse werden als „unser Lied" zusammengestellt und für alle vervielfältigt. In einem eigenen Liederheft können sie mit Bildern ergänzt werden.

5.9 Gestaltung mit instrumentaler Unterstützung

Der Einsatz von Instrumenten kann in jeder Gruppe erprobt werden. Eine einfache Möglichkeit zur musikalischen Gestaltung bieten im Musikfachhandel erhältliche Klangbausteine.

Einzelne Töne (wie bei Xylophon oder Metallophon) mit Resonanzkörper können zu Dreiklängen zusammengestellt oder einzeln angeschlagen werden.

Jede/r hält nur einen einzigen Ton in der Hand.

Es ist hilfreich, wenn man zunächst ein Lied auswählt, das nicht zu viele Begleit-Akkorde aufweist, damit ein hektisches Wechseln und Suchen vermieden wird.

Als Hinweis auf die benötigten Begleittöne dienen die Akkordsymbole über den Liedern: G steht für G-Dur, also den Dreiklang G – H – D.

C: C – E – G / D: D – Fis – A /
A: A – Cis – E / F: F – A – C /
E: E – Gis – H / H: H – Dis – Fis /
B: B – D – F

Man braucht keine besonderen Kenntnisse eines Instrumentes oder der Notenschrift, um an der entsprechenden Stelle den passenden Ton oder Dreiklang ertönen zu lassen.

Beispiel: *Pfingsten (EG 136; Philipp Spitta 1833)*
Der Ostinato „Komm, heiliger Geist" kann gesungen oder gespielt werden.

Philipp Spitta (1801–1859)
Bodo Hoppe

(aus: „Ich will den Herren loben", 44 Kanons von Bodo Hoppe, Verlag des Evangelischen Sängerbundes, Wuppertal 1970)

5.10 Liturgische Stücke als Antwortrufe in Litaneien

Wenn in einer Gruppe ein gemeinsames Gebet zusammengestellt und gesprochen werden möchte, können die einzelnen Bitten oder Gebetstexte durch ein liturgisches Versatzstück aufgelockert werden, bei dem jeweils die ganze Gruppe beteiligt ist.

Liturgische Stücke, z.B. von Taizé, sind meist sehr einfach gesetzt und lassen sich leicht einüben.

Das „Kyrie eleison" kann in Fürbittgottesdiensten verwendet werden (die einzelnen Bitten wurden zuvor in der Gruppe formuliert.).

<u>Beispiel:</u> *Kyrie (EG 178.9; Orthodoxe Liturgie aus der Ukraine)*

EG 178.9
Orthodoxe Liturgie aus der Ukraine

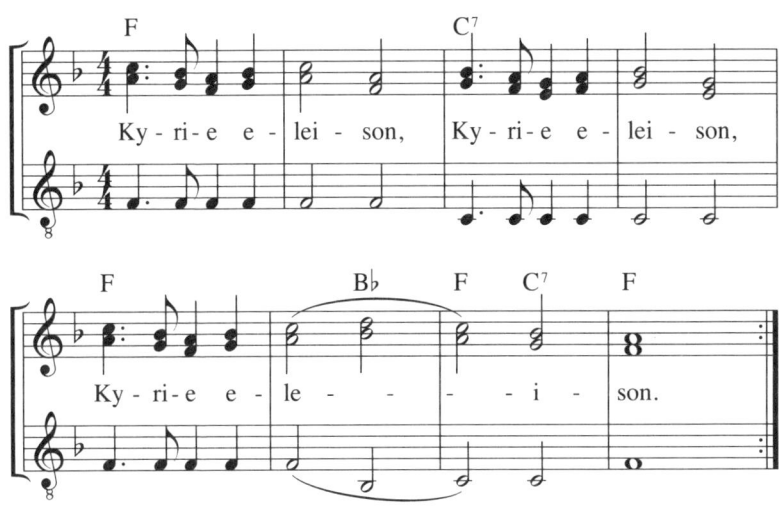

Die Mehrstimmigkeit von liturgischen Stücken lässt sich wieder durch Klangbausteine erreichen. Die Begleitakkorde können mit jeweils 3–4 Personen besetzt werden.
Auch verschiedene Flöten eignen sich zur Akkordbildung.
Basstöne als Ostinato können mit einem Bassxylophon oder Bassklangbausteinen dazugespielt werden.

81

5.11 Gebärdensprache als Deutungshilfe

Mit Hilfe der Taubstummen-Gebärdensprache werden Liedtexte körperlich erfahrbar, weil jede Bewegung die Bedeutung des entsprechenden Wortes oder Ausdrucks so umsetzt, dass sie auch ohne Laut verstanden werden kann.

Dieses Mittel verlangt höchste Konzentration und Aufmerksamkeit, wobei kein Raum für gegenseitige Beobachtung bleibt. Dies ist von Vorteil, weil jede/r ganz bei sich und dem Text bleiben muss.

Es ist sinnvoll, mit einem Vaterunser-Lied als Playback zu beginnen, da der Text vertraut ist und durch die musikalische Umsetzung mehr Gestaltungsraum bietet als der gesprochene Text.

Im Unterschied zu weithin bekannten und üblichen Bewegungsformen zu Liedern, die auf intuitiver Gestaltung beruhen, handelt es sich bei der Gebärdensprache um eine tatsächliche „Sprache", die allgemein verständlich ist, und um Bewegungen, über die ein Konsens im deutschen Sprachraum erzielt wurde.

Vater unser

Vater	**unser**	**im**	**Himmel,**
Vater	uns		Himmel

geheiligt	**werde**	**Dein**	**Name,**
heilig		Gott	Name

Dein	**Reich**	**komme,**
Gott	Reich	kommen

Dein	**Wille**	**geschehe,**
Gott	Wille	machen

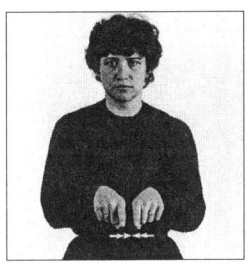

wie	**im**	**Himmel,**	**so**
wie		Himmel	so

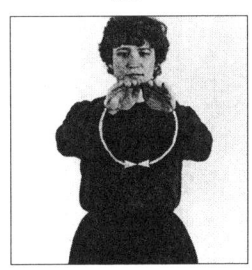

auf	**Erden!**	**Unser**	**tägliches**
auf	Erden	uns	täglich

Brot	**gib**	**uns**
Brot	geben	uns

heute	**und**	**vergib**
heute	und	vergeben

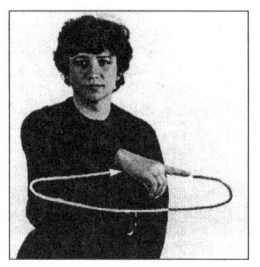

uns unsere	**Schuld,**	**wie**
unser	Schuld	wie

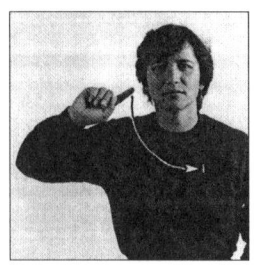

auch	**wir**	**vergeben**
auch	wir	vergeben

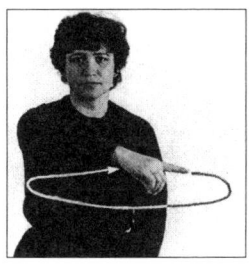

unsern
unser

Schuldigern.
Schuldiger

Und
und

führe
führen

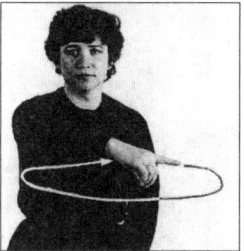

uns
uns

nicht
nicht

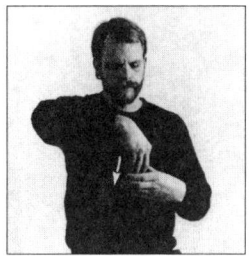

in
in

Versuchung,
Versuchung

sondern
aber

erlöse
erlösen

uns   von
uns

dem Bösen!
Böse

85

Denn Dein	**ist**	**das Reich**
Gott	ist	Reich

und die	**Kraft**	**und die**
und	Kraft	und

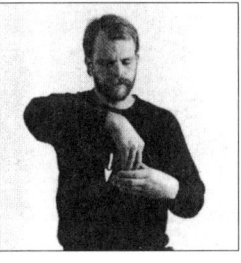

Herrlichkeit	**in**	**Ewigkeit,**
Herrlichkeit	in	Ewigkeit

Amen.
Amen

„Schau doch meine Hände an" (Sprachunterstützende Gebärden); 7. Aufl. 2000; ISBN 3–930061–15–5

CD-ROM „Schau doch meine Hände an" (gleicher Inhalt wie o.g. Publikation); 1. Aufl. 2000; ISBN 3–930061–66–×

Bezug über: Bundesverband Evangelische Behindertenhilfe e.V., Stafflenbergstraße 76 / Gerokstraße 17, 70184 Stuttgart

Buch und CD-ROM liegen auch im preisermäßigten Paket vor.

6. KREATIVE GEBETSFORMEN

<u>Einleitung:</u> Wer heute mit Menschen beten möchte, die nicht im kirchlichen Raum beheimatet sind, stößt oft auf Widerstände oder Unsicherheit, da die Vertrautheit mit herkömmlichen (kirchlichen) Gebetsformen oder die praktische persönliche Übung fehlt.

Die vorgestellten Methoden sind Anregungen, wie der Sinn von Dank und Bitte, Fürbitte, Segen und Zuspruch wieder lebendig werden kann.

In allen Beispielen ist das Ziel, eine persönliche Betroffenheit, ein eigenes Erleben zu ermöglichen. Es können Wege entdeckt werden, dass Beten im Alltag einen Platz erhält; Wege, die alle Bereiche unseres Lebens mit Gott in Verbindung zu bringen.

Die Anleitungen können Hilfe sein, Familien, Menschen in Schulen oder Gemeindegruppen miteinander in ein Gespräch mit Gott zu bringen und damit zu experimentieren.
Es bedarf keinerlei Voraussetzungen oder Vorkenntnisse der Teilnehmenden.

Die einzelnen Übungen stehen im Spannungsfeld von Stille und fröhlichem Lärm, von Für-sich-bleiben und Gemeinsam-sein, von Konzentration und Entspannung.
Schon im gestaltenden Tun ereignet sich dabei bereits Gebet, lange bevor es sich in Worte fassen lässt.

Um zu verstehen, wo die einzelnen Teilnehmenden einer Gruppe stehen, was sie persönlich bewegt und was sie in Bezug auf das Thema mitbringen, ist es hilfreich, gemeinsam einige Fragen zu bedenken.

* *Wann und wo sind Sie / bist du mit Gebet in Berührung gekommen?*
* *Wie haben Sie / hast du das erlebt und empfunden?*
* *Was bedeutete es für Sie / für dich?*
* *Welche Bedeutung hat Gebet für Sie / für dich heute? (Drückt sich darin die Tradition eines religiösen Ritus aus, spiegelt sich darin eine Beziehung zu Gott oder ein „magisches" Sicherungsbedürfnis oder ...?)*

Nach dieser ersten Austauschrunde wirft die nächste Frage einen Blick auf die uns vertrauten und eingeübten Kommunikationsformen.

Welche Formen der Kommunikation pflegen Sie / pflegt ihr in der Familie, Gruppe, Gemeinschaft?
- *miteinander reden, einander erzählen, fragen, zuhören,*
- *gemeinsam spielen, basteln, werken, bauen,*
- *miteinander Bilder und / oder Bücher betrachten,*
- *einander etwas vorlesen,*
- *miteinander Musik hören,*
- *gemeinsam arbeiten,*
- *zueinander zärtlich sein,*
- *gemeinsame Erlebnisse haben (Ausflüge, Besichtigungen ...),*
- *oder: ...,*

Welche Formen des Gebetes praktizieren Sie / praktiziert ihr in Ihrer/ eurer Familie, Gruppe, Gemeinschaft oder persönlich?

Vergleichen Sie / vergleicht bitte die unterschiedlichen Formen der Kommunikation.

Die von uns praktizierten Kommunikationsformen spiegeln den ganzen Reichtum, der in diesem Thema liegt. Auffallenderweise denken wir bei Beten meist nur an Reden, Schweigen oder Zuhören.

Dass es weit mehr Möglichkeiten gibt, zeigen die folgenden Übungen, denen jeweils eine inhaltlich-biblische Einführung vorangestellt ist.

6.1 Danken

Danken im biblischen Sinn umfasst Reden und Tun. Es bezieht sich auf alles, was wir empfangen, genießen oder erwerben ebenso wie auf Menschen, die uns begleiten, und Umstände, die wir vorfinden und in denen wir leben.

Sagt Gott, dem Vater, jederzeit Dank für alles. (Epheser 5,20)

Danken hat vom Wortstamm her etwas zu tun mit „denken". Das meint ein bewusstes Verweilen bei auftauchenden Erinnerungsbildern, wir halten etwas im Gedächtnis, wir denken an etwas, wir haben ein An-denken. Auch Gott denkt an uns.

Ich danke dir, dass du mich so wunderbar gestaltet hast. Ich weiß: Staunenswert sind deine Werke. (Psalm 139,14)

So bedeutet „Danken" also: meine Gedanken der Erinnerung willentlich gegenüber Gott aussprechen. Das ist personale Beziehung. „Dankbarkeit ist das Gedächtnis der Liebe".

Herr, mein Gott, ich will dir danken! (Psalm 30,13)

Es kann durch Worte, Lieder, Taten oder Gesten geschehen, durch die Art unseres Empfangens und Genießens und durch unser Denken an und über andere Menschen und Situationen.

Nichts ist verwerflich, wenn es mit Dank genossen wird. (1. Tim 4,4)

Im Volk Israel war es eine gute Tradition, als Zeichen der dankbaren Erinnerung nach besonderen Gotteserfahrungen und Gottesbegegnungen einen Altar zu errichten, sodass ein sicht- und greifbares Denkmal, ein Gedächtnisort gegen Vergesslichkeit aufgestellt wurde.

6.1.1 Kreative Dankzeit

Zur Vorbereitung einer kreativen Dankzeit notiert sich jede/r einige Stichworte zu folgenden Fragen:

- *Welche Menschen sind in meinem Leben besonders wichtig? (erlebte Begleitung, hilfreiche Eigenschaften ...)*
- *Welche Ereignisse, Daten, Fakten waren/sind in meinem Leben von Bedeutung?*
- *Wo und wann habe ich Güte und Freundlichkeit, Freundschaft und Liebe erlebt?*

Gestaltungshilfen: Die einzelnen Vorschläge sind für eine etwa 30 min Gestaltungszeit, in der jede/r für sich bleibt und eine/r der/dem anderen Raum gibt zum schöpferischen und nachdenklichen Handeln.

Die verschiedenen Möglichkeiten sind als Auswahlideen gedacht, damit jede/r den ihr/ihm angemessenen Zugang finden kann. Die angefügten Bibelstellen sind eine Erinnerungs- und Betrachtungshilfe.

DANK-STEINE

Material: Packpapier, verschiedene Bilder z. B. aus Kalendern, Zeitschriften, Katalogen mit Abbildungen von Landschaften, Pflanzen, Gebäuden, Menschen, Gegenständen, Naturereignissen u. a., Wachsmalstifte, Scheren, Klebstoff, Bibeln.

Aus Packpapier ausgeschnittene große Steinformen liegen zur Bearbeitung bereit. Sie können mit Bildern bemalt, beklebt oder mit Texten, Namen, Stichworten, Bibel- oder Liedworten beschriftet werden.

Wir preisen dich, Gott, wir preisen dich; dein Name ist denen nahe, die deine Wunder erzählen. (Psalm 75,2)

FREUDEN-BLUMEN

<u>Material:</u> Streifen aus buntem Tonpapier, Wollfäden, Stifte.

Es sind schmale, an einem Ende gelochte Streifen (2 × 20 cm) aus Tonpapier und bunte Wollfäden bereitgelegt.
Bei einem Spaziergang sammeln wir für bestimmte Personen, Ereignisse oder Erinnerungen „Freuden-Blumen" oder „Gedächtnis-Zweige". Jede Blume, jeder Zweig erhält ein Spruchband mit Notizen, für wen sie/er gedacht ist, an was sie/er mich erinnert.

Wir danken Gott jedesmal, wenn wir für euch beten. (Kolosser 1,3)

DANK-LICHTER

<u>Material:</u> Tonpapier, weiße unbedruckte Bierdeckel (Bastelbedarf), Teelichter, Klebstoff, kleinere Trocken-, Seiden- oder Dekoblumen.

Buntes Tonpapier und Teelichter, weiße Bierdeckel, Scheren und Klebstoff sind vorbereitet. Für Menschen, Ereignisse, Orte u. a. gestalten wir einzelne Lichter, indem um das Metallgehäuse ein Band geklebt wird, das beschriftet werden kann. Die Bierdeckel können als Unterlage und erweiterte Gestaltungsfläche mit einbezogen werden. Es können Blüten, Gesichter, Landschaften u. v. m. entstehen.

Ich danke dir mit aufrichtigem Herzen, dass du mich lehrst.
(Psalm 119,7)

DANK-BRIEF

In einem fingierten Brief an Gott schreiben wir auf, wofür wir dankbar sind, was uns glücklich macht, über wen wir uns freuen ...

Mit lauterem Herzen will ich dir danken. (Psalm 9,2)

DANK-LIED-PANTOMIME

Material: Danklieder auf Kassette oder CD, Tücher als Gestaltungshilfe.
Es gibt eine Fülle von Dankliedern. Eines wird ausgewählt und als Pantomime dargestellt. Hilfreich sind hier Musikbeispiele auf Kassette oder CD, die als Playback dienen können.

Mir wurde geholfen. Da jubelte mein Herz; ich will ihm danken mit meinem Lied. (Psalm 28,7)

DANK-TANZ

Material: Verschiedene Kassetten und CDs mit klassischer oder meditativer Musik (zum Beispiel: H. J. Hufeisen).

Aus verschiedenen Musikbeispielen oder Liedsammlungen wird ein Stück ausgewählt und in Tanz umgesetzt, der einzeln oder gemeinsam vorgetragen wird.

Preist den Herrn mit der Zither, spielt für ihn auf der zehnsaitigen Harfe! (Psalm 33,2)

Zusammenfassung der Ergebnisse: In einer gemeinsamen Sammlungsrunde wird aus den verschiedenen Elementen ein Ganzes:

• Verschiedene Steine bilden einen Altar, der auf dem Boden gelegt, oder an die Wand geklebt werden kann,
• die Blumen-/ Zweigsträuße bilden eine fröhliche Dekoration,
• die Lichter werden mit oder ohne Kommentar entzündet,
• Briefe können vorgelesen oder abgelegt werden,
• Lied und Tanz umrahmen die Aktion.

Es gehört wesenhaft dazu, dass aus den Einzelaktionen in Stille ein Mitteilen in Gemeinschaft wird, damit die gestaltete Erinnerung sich vertiefen kann.

Ich will den Herrn preisen mit lauter Stimme, in der Menge ihn loben. (Psalm 109,30)

6.1.2 Dank für Mahlzeiten – Tischgebet

Zum Thema Dank gehört auch das Ritual eines Tischgebetes. Da in vielen Familien nicht mehr gemeinsam gegessen wird, ist die Erfahrung der Gemeinsamkeit, der Möglichkeit des Beieinanderseins und Anteilnehmens und -gebens oft sehr reduziert.

Ein Tischgebet bezieht sich nicht nur auf das Essen und Trinken und die Freude, es genießen zu können, sondern bringt die Dankbarkeit für das Miteinander-Leben zum Ausdruck, macht deutlich, dass jede/r ein Geschenk und eine wertvolle Ergänzung ist.

Es gibt ein Foto von Martin Luther King und seiner Familie, das zeigt, wie sie alle um den Tisch sitzen und sich bei den Händen halten, während ein Tischgebet gesprochen wird. Das Berührende an diesem Bild ist die dichte Gemeinschaft, die dieses Ritual zum Ausdruck bringt. Um das wiederzugewinnen, braucht es die Sensibilität, mit welchen Formen wir heute unsere Wertschätzung für Gemeinschaft, Freundschaft und Versorgung zum Ausdruck bringen.

Eine praktische Hilfe kann ein Gebetswürfel sein, dessen Texte oder Bilder von der ganzen Familie/Gruppe gemeinsam entworfen und gestaltet werden. Dabei geht es nicht um gereimte Gebete oder besonders wohlklingende Formulierungen, sondern um die für jede/n Einzelne/n echte und identische Ausdrucksweise. Da steht ein großes rotes Herz mit lachendem Gesicht neben einem „Wow, gut, dass es euch alle gibt!" oder einem „Danke, du unser Gott, für alles, was wir haben", einem einfachen „Thanks" oder „Lobe den Herrn, meine Seele, und vergiss nicht, was er dir Gutes getan hat", je nach Alter und Stimmung.

An Stelle eines herkömmlichen Würfels kann auch die etwas kompliziertere Form eines Dodekaeders mit 12 Seiten (siehe Abbildung auf S. 93) gewählt werden, die mehr Raum für individuelle Ideen lässt.

Jugendliche können ihrer Dankbarkeit in ihrer Sprache Ausdruck verleihen, Dankbarkeit verlangt nicht nach sakralem Ton.

Beispiel aus einer Jugendfreizeit: Alle Ellenbogen sind auf dem Tisch aufgestützt, alle kleinen Finger eingehakt, gemeinsam wird gesprochen:

„Herr, lass deinen Segen über unsre Teller fegen, Amen!"

Beim „Amen" werden die Ellenbogen zur Bekräftigung auf den Tisch gestoßen.

Ergänzender Hinweis: Die herkömmlichen, meist gereimten Tischgebete, Tisch-Kanons und Tischlieder sind oft schwer zu vermitteln, weil in ihnen wenig von echter, fröhlicher Kommunikation zu spüren ist. Sie eignen sich selten für Menschen aus dem säkularen Raum, haben aber ihren guten und sinnvollen Platz in christlich geprägten Familien oder kirchlichen Kreisen.

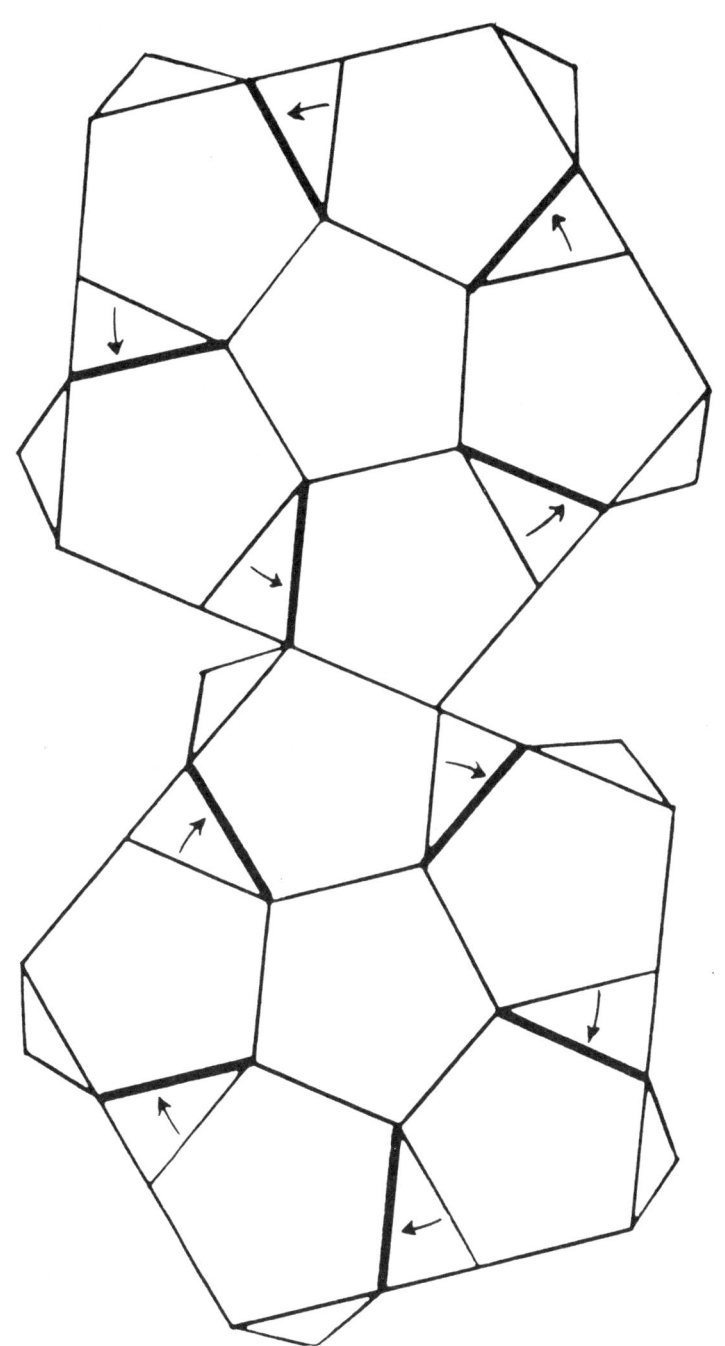

6.1.3 Agape-Mahl als Dankfeier für Gemeinschaft

Das griechische Wort Agape beinhaltet eine Grundhaltung: Weil wir durch Gottes Liebe leben, wollen wir sie auch einander zeigen und spüren lassen. Wir alle leben davon, eingeladen zu sein, miteinander unterwegs zu sein, Zeiten des Ausruhens zu erleben und uns als Beschenkte zu erfahren. All das ist Agape.

Eine Agape-Feier ist ein besonderes Ereignis, bei dem Liebe und Freundschaft, Nähe und Vertrauen sichtbar werden können. Die Mahlgemeinschaft ist ein uraltes Zeichen der Gastfreundschaft und Weggefährtenschaft.

Ein alter Brauch lautet, dass man beim Essen mit Freunden zunächst keine wichtigen Dinge besprechen soll, sondern erst im Anschluss daran; denn Essen und Genießen ist ein Wert für sich, Beieinandersein ebenso wie Zuwendung und Bewusstsein der Nähe Gottes.

Bei einer Agape-Feier wollen wir im Essen und Trinken, im Singen und Beten, im Mitteilen und Zuhören, in Gesten und Zeichen unsere Liebe zueinander und zu Gott zum Ausdruck bringen.

Alles, was geschieht, ist gemeinsam vorbereitet, damit jede/r Anteil hat und in ihrer/seiner persönlichen Art vorkommt.

Wenn biblische Texte gelesen werden, sind sie kurz und in verständlicher, moderner Übersetzung (diese kann selbst formuliert sein oder im heimatlichen Dialekt). Sie stehen auf Karten und sind so verteilt, dass mehrere beim Lesen beteiligt werden.

Werden Lieder gesungen, haben diese eine Grundstimmung von Freude, die Melodien passen zum Musikgeschmack der Versammelten. Wenn nicht gesungen wird, können musikalische Anteile per CD oder Kassette eingespielt werden.

In der Mitte sind Fladenbrote, Trauben und Traubensaft.

Das Brot erinnert an die Worte Christi, dass wir alle zu einem Leib gehören, dass wir einander und Gott zum Leben brauchen.

Die Trauben erinnern an die guten Früchte, die auf gutem Boden wachsen, so wie Liebe, Vertrauen und Freundschaft wächst, wo wir zueinander halten und uns gegenseitig annehmen und auch immer wieder verzeihen.

Wenn wir Brot, Saft und Trauben miteinander teilen und einander weiterreichen, dann erinnern wir uns daran, dass wir unser Leben miteinander teilen, so wie Christus sein Leben mit uns geteilt hat. Wir können einander beim Weiterreichen einen guten Satz weitergeben:

„Gut, dass es dich gibt", „Friede sei mit dir", Gottes Liebe bleibt" o. a.

Wir können uns auch ein Zeichen der Nähe geben, indem wir die Hand auf den Arm oder die Schulter legen.

Alles, was wir tun, sagen oder weitergeben, ist Ausdruck unseres ehrlichen Empfindens, wenn uns Worte fehlen, dann ist manchmal Schweigen besser.

6.1.4 Danken und Staunen über die Schöpfung

Die Schönheit und Vielfältigkeit der Natur ist ein Anlass, Freude und Dankbarkeit auszudrücken. Vor allem die Farbenpracht zu jeder Jahreszeit liefert das Material für ein fröhliches Experiment, bei dem vor allem Kinder zu Entdeckern und zu Staunenden werden.

Einem Geheimnis auf die Spur kommen – 1. Teil:
In einem Spaziergang durch Wiese, Wald, Bachufer oder Garten hat jede/r eine Tasche oder einen Korb, in den sie/er von verschiedensten Pflanzen jeweils eine (!) Blüte, einen Zweig, eine Hand voll Blätter oder eine Frucht einsammelt.

2. Teil:
Im Raum breitet jede/r ihre/seine Sammlung auf großen weißen Papierbogen aus.
Mit der Nase erkunden wir die verschiedenen Düfte, die von den Pflanzen ausgehen. Einige entfalten sich erst, wenn wir sie in der warmen Hand leicht reiben oder pressen.

3. Teil:
Das größte Geheimnis der Pflanzen ist jedoch noch zu entdecken. Jede Einzelne besitzt eine ganz besondere Mischung aus „Lebenssaft" und Farbe, die in ihren Gefäßen steckt. Wenn wir Blütenblätter, Blätter, Stängel, Samen etc. etwas zerquetschen und auf Papier zerreiben, können wir mit der Pflanze malen. Wir reiben z.B. ein rotes Rosenblatt auf dem Papier und stellen fest, dass es eine violette Färbung hinterlässt.

In einer Experimentierphase entdeckt jede/r die verschiedenen Farbtöne, die in den unterschiedlichen Pflanzenteilen stecken. Dann gestaltet jede/r ein Naturbild mit Blüten, Vögeln, Spuren, Wind ...

Die fertigen Bilder werden zu einem großen Wandbild zusammengestellt, um das sich die Gruppe versammelt und gemeinsam spricht:

„Wunderschön ist alles, was du erdacht hast, guter Gott.
Wir danken dir für die Farben des Lebens!"

6.2 Bitten

Zwei wesentliche Grundlagen erleichtern den Zugang zu der Gebetsform des Bittens:

1. Wir können immer mit Gottes Bereitschaft zu geben rechnen.
   Bittet, dann wird euch gegeben. (Matthäus 7,7)
   Euer Vater weiß, was ihr braucht, noch ehe ihr ihn bittet.
   (Matthäus 6,8)

   • Er weiß, woher wir kommen.
   • Er kennt den Weg, der hinter uns und den, der vor uns liegt.
   • Er kennt die Anstrengung und Last des Weges.
   • Er hat Verständnis und ein Herz für unsere Bedürftigkeit.

2. Von unserer Seite wird nur kindliches Vertrauen in die Güte und Liebe Gottes erwartet.
   Wenn er mich anruft, dann will ich ihn erhören. (Psalm 91,15)

Gott will Wegzehrung geben, das kann sein:
   • materielle Dinge wie Nahrung , Kleidung, finanzielle Mittel,
   • Zuspruch, Trost, Ermutigung, Freundlichkeit in bestimmten Situationen,
   • ein Mensch, der weiterhilft, der liebt, versteht, vertraut ...,
   • Freude über Gelungenes, Erreichtes, Erwartetes,
   • Ruhe und Frieden in Entscheidungssituationen,
   • Befreiung von Sorgen, Kummer, Ängsten ...,
   • Verzeihung und Neuanfang.

Die Erzählungen in den Evangelien, in denen sich Menschen mit ihren Anliegen an Jesus wenden, sind geeignete Vorlagen für die Gestaltungsideen.

6.2.1 Pantomimische Bitten

In Dreier- oder Vierergruppen entscheiden wir uns jeweils für eine Situation, in der Menschen oder wir selbst in Not oder hilfsbedürftig sind.
In drei aufeinander folgenden Standbildern stellen wir dar:

1. Der Mensch in der Notsituation.
2. Die bewusste Hinwendung zu Jesus mit der Bitte um Hilfe, Rat oder Antwort.
3. Den Augenblick der Hilfe.

Dabei dürfen Gegenstände, Tücher u. a. verwendet werden. Standbild bedeutet, dass eine Stellung und Zuordnung der Personen in ihrer Bewegung gefunden und dann „eingefroren" wird.

6.2.2 Bitten mit Bildern

<u>Material:</u> Ein Sortiment von verschiedenen s/w-Kopien von Ernst Barlach-Plastiken (zum Beispiel: „Die Bettlerin"), verschiedene Bilder von Händen oder Körperhaltungen (siehe Handzeichnungen auf S. 115).

Jede/r sucht sich ein Bild aus, das für sie/ihn in der Haltung ein Gott-Bitten ausdrückt.
Das Bild kann auf ein größeres weißes oder buntes Papier geklebt werden.
Jede/r schreibt einen oder mehrere (Gebets-) Sätze, die durch die abgebildete Haltung der Person inspiriert sind:

- *„Ich beuge mich vor dir und bitte dich ..."*
- *„Ich strecke mich zu dir hin aus und erwarte ..."*
- *„Meine Hände sind leer, aber du ..."*

Aus dem Schreiben in Stille wird dann ein gemeinsames Aussprechen, indem jede/r ihr/sein Bild vorstellt, erklärt, warum es gewählt wurde und je nach Wunsch der Bitte-Text vorgelesen wird.

Eine Bekräftigung nach jedem Beitrag durch die Gruppe kann für jede/n Einzelne/n eine Ermutigung und Stärkung des Vertrauens bedeuten:

> *„Guter Gott, du hörst uns, Amen!"*

Dadurch machen wir sichtbar, dass wir aneinander Anteil nehmen.

6.2.3 Hoffnungssamen säen

<u>Material:</u> Kleinste Blumentöpfe mit Erde oder Keimtabletten, gelbe oder weiße Pflanzen-Beschriftungsstreifen (Plastikstäbchen aus dem Gärtnereibedarf), Folienschreiber, verschiedene Samen.

Jedes Gebet ist ein Rufen auf Hoffnung, wie ein Same, der in die Erde gelegt wird, der eine Zeit ruht und, wenn Licht, Wärme und Feuchtigkeit ausreichen, keimt, sprosst und wächst, Blätter, Blüten und Früchte hervorbringt.

Als Zeichen unserer Erwartung gegenüber Gottes Hören und helfendem Herabneigen und als Ausdruck unseres Vertrauens auf seine Antwort verbinden wir zwei Elemente unseres Betens:

- eine persönliche Bitte, die wir mit Folienschreiber auf vorbereitete Pflanzen-Streifen schreiben,
- und das Säen eines Hoffnungssamens (Senf, Kresse, Bohnen, Kräuter o. a.), den wir in kleine Blumentöpfe mit Erde stecken. (Das regelmäßige Begießen und Pflegen nicht vergessen!)

Das In-die-Erde-Legen des Samens verknüpfen wir mit unserer Bitte und stecken den Plastikstreifen mit Text dazu. Dabei denken wir an das Jesus-Wort:

„Euer Vater im Himmel wird denen Gutes geben, die ihn bitten.“ (Matthäus 7,11)

6.2.4 Sorgensteine ablegen

<u>Material:</u> Verschieden große Kartons, Schachteln, Pakete, dicke Filzstifte, Kreuz oder Tuch.

Eine besondere Form der Bitte ist die Bitte um Vergebung oder um die Befreiung von Lasten und Sorgen, die wir mit uns tragen und die uns das Leben schwer machen.

Eine apostolische Aufforderung gibt uns einen Hinweis, was wir im Vertrauen auf Gottes helfende Kraft tun können:

„Werft alle eure Sorge auf ihn; denn er kümmert sich um euch!“ (1. Petrus 5,7) oder: *„Wirf deine Sorge auf den Herrn, er hält aufrecht!“* (Psalm 55,23)

Eine große Menge verschiedenster Kartons in allen Größen und Formen liegt bereit. Jede/r kann mit Filzstiften auf oder in die Kartons das schreiben, was sie/ihn belastet, bedrückt, bekümmert oder ängstigt.

An einer Seite des Raumes ist ein Ort gestaltet (evtl. auf einem Tisch, durch ein Kreuz, ein Tuch o. a.), der dadurch deutlich als Altar zu erkennen ist.

Die/der Anleitende einer Gruppe liest die biblische Aufforderung (aus 1. Petrus 5,7 o. a.) laut vor.

Einzeln nacheinander spricht jede/r (der Satz steht gut sichtbar auf einer Textkarte):

„Ich werfe meine Sorgen auf Christus, er sorgt für mich!"

Dann wirft sie/er ihre/seine Sorgensteine mit einer deutlichen, starken und bewussten Bewegung zum „Altar" hin ab.

Zum Abschluss dieser Aktion kann ein einfacher Liedruf gesungen werden:

Bearbeitung: I. F. Eckard
T. u. M.: I. F. Eckard

6.3 Beten für andere

Eine allgemein verständliche Form des Betens ist die Bitte für andere, das Nennen ihrer Bedürftigkeiten vor Gott. „Ich denke an dich", sagen wir zueinander, wenn uns jemand etwas mitteilt und unsere Anteilnahme dadurch erbittet. Dabei sind wir uns bewusst, dass wir nicht viel konkret tun oder ändern können, hoffen aber darauf, dass wir diese Anliegen weitergeben können und durch dieses Abgeben wir und andere entlastet werden.

Vor allem fordere ich zu Bitten und Gebeten, zu Fürbitte und Danksagung auf, und zwar für alle Menschen. (1. Timotheus 2,1)

Wir haben einen Beistand beim Vater: Jesus Christus!
(1. Johannes 2,1)

Diese beiden Texte zeigen die Spannung des Themas: Auf der einen Seite steht die Aufforderung zum Gebet für andere, auf der anderen Seite wird hingewiesen auf Jesus Christus als die Erfüllung aller Erwartungen Gottes, als den, der für uns Menschen spricht und eintritt.

Fürbitte war im Alten Bund der Dienst der Priester, die stellvertretend für das Volk vor Gott traten, die Anliegen vorbrachten und opferten.
In der orthodoxen Kirche wird Gebet für Menschen so praktiziert, dass der Betende die Namen derer, für die er etwas erbitten will, auf Zettel schreibt und diese dann kommentarlos auf dem Altar ablegt, weil Gott selbst weiß, was für jeden Menschen gut ist. Bitten für andere hat nicht zum Ziel, Gott zum Handeln und Eingreifen zu bewegen, als ob Er dazu überredet werden müsste, uns Menschen Gutes zu tun.

Für jede Form von Gebet ist es wichtig, dass unser Herz dabei ist, nicht nur unser Verstand. Wenn wir wirklich Anteil nehmen möchten, gehört dazu ein informiertes Wissen und achtsames Aufmerken mit der Bereitschaft zur liebevollen Begleitung.

Entscheidend ist, dass beim Reden mit Gott über andere die Blickrichtung auf Gott gerichtet ist, wer Er ist, was Er getan hat und wie Er uns sieht. Gott offenbart sich in der Begegnung mit Mose als Jahwe – *„Ich bin für euch da"*, oder *„der da ist und der da war und der da kommt"* (Offenbarung 1,8). Der jüdische Philosoph Martin Buber versteht die Offenbarung des Jahwe-Namens als Zeugnis dafür, dass der Herr nicht erst herbeigerufen werden muss, sondern mit seiner Macht und Hilfe jederzeit gegenwärtig ist: *„Ich bin da!"* Diese Namens- und damit Wesensoffenbarung Gottes wird vollendet durch das Kommen Jesu als Immanuel – das bedeutet *„Gott mit uns"*.

In unseren Lebensgeschichten haben wir an verschiedenen Stellen Bewahrung, Schutz, Hilfe, Tröstung, Leitung und Korrektur erlebt. Menschen aller Zeiten haben Gott aufgrund dieser Nähe-Erfahrung Namensbezeichnungen gegeben: *„Meine Burg"*, *„mein Licht"*, *„mein Heil"*. Schüler/innen haben selbst solche Namen für Jesus aus seinem Handeln an den Menschen hergeleitet, z.B. *„Jesus, der Hoffnungsverbreiter"*, *„Jesus, der Ohrenöffner"*, *„Jesus, der Wellenberuhiger"*, *„Jesus, der Kindersegner"* u.v.a.
In jedem einzelnen Namen leuchtet ein Funke der göttlichen Wesensart auf. Die Namen Gottes spiegeln seine Vielfalt, seine unerschöpfliche Zuwendung zu uns und seine unbegrenzten Möglichkeiten.

6.3.1 Gebetsposter gestalten

Material: Eine Liste mit Gottesnamen (siehe S. 108 ff.), Tonpapier (50×70 cm), verschiedene Kalenderbilder mit Naturbildern, Himmelsstimmungen o. a., Wachsmalstifte (evtl. wasservermalbar, Pinsel), weiße und bunte Papierstreifen (2×10 cm).

Anleitung für Einzelarbeit oder Partnergestaltung: Jede/r wählt sich einen Gottesnamen (siehe alphabetische Liste im Anhang) aus, eine Bezeichnung, die sie/ihn gerade jetzt besonders anspricht.

Dieser eine ausgewählte „Name Gottes" wird als Kopf oder Herz, als das Höchste oder der Mittelpunkt unseres Gebets-Posters gestaltet:

Wir schreiben diesen Namen auf und stellen ihn entweder als Symbol oder mit einem Bild, mit Farben oder buntem Papier dar.
Wir können ihn auch umschreiben, mit Worten erklären, was er für uns bedeutet.

In einem zweiten Schritt denken wir an Menschen unserer Lebenskreise und notieren ihre Namen, diese schreiben wir einzeln auf Karten. Zusätzlich können gute Eigenschaften dieser Person oder etwas, was uns besonders an ihr gefällt, dazugeschrieben werden.

Die Namensstreifen werden nun in das Bild des gestalteten Gottesnamens eingefügt, angeordnet und aufgeklebt.

Bei jeder Person, die wir einfügen, beten wir still:

DU, mein Gott, bist z. B. ... „das Licht ... für z. B. ... Elisabeth ...!"

Wir stellen uns alle im Kreis auf und halten unser Poster vor uns. Zu dem jeweils ausgewählten Gottesnamen sagen wir:

„Gott, du bist, wie du bist, z. B. das Licht der Welt, mein Licht!"

Variation: Solch ein Gebetsposter kann auch von einer Gruppe oder Familie gemeinsam erstellt werden. Es wird immer wieder durch neue Namen oder Ereignisse aktualisiert.

Die Gestaltung kann sich auf aktuelle Nachrichten, Meldungen aus Krisengebieten oder Anlässe aus dem Lebenskreis der Gruppe beziehen, es können Informationen aus Zeitungen, Büchern oder dem Internet zu Hilfe genommen werden, Bilder, Fotos, Landkarten u.a. lassen die Anliegen konkret werden. Wenn z.B. ein Patenkind im Ausland oder eine soziale oder missionarische Einrichtung unterstützt wird, können Nachrichten, Briefe und Abbildungen angeheftet werden.

Wichtig bleibt, dass alle Namen, Nöte oder Nachrichten sichtbar mit dem Gottes-Namen verbunden sind, damit nicht ein Gefühl der menschlichen Ohnmacht im Blick auf das Elend, sondern eine Stärkung des Vertrauens im Blick auf Gottes Möglichkeiten wachsen kann. Dies ist nicht nur für Kinder die entscheidende Voraussetzung, damit Gebet für andere eine Entlastung und nicht Bedrückung wird.

6.3.2 Litaneien gestalten

Wenn in Gottesdiensten, Andachten oder Gruppenfeierstunden ein Gebet miteinander gesprochen werden soll, bietet es sich an, dieses auch gemeinsam zu erarbeiten, damit der persönliche Bezug gegeben ist.
Durch die einfache Grundform kann es leicht erweitert, ergänzt oder den aktuellen Bezügen angepasst werden. Selbstverfasste Litaneien eignen sich auch gut als Schlussrituale bei Zusammenkünften.

Traditionell werden Litaneien im Wechsel auf sehr einfache Tonfolgen gesungen. Sie lassen sich aber auch im Chor oder von einzelnen Lesenden sprechen, dazwischen wird von allen ein einfacher Bitt-Ruf, ein Kyrie-eleison o. a. gesungen.

In Zweier- oder Dreier-Gruppen schreiben wir Gebetsanliegen nach einer vorgegebenen Form auf. Bei den Texten achten wir auf positive und ermutigende Formulierungen. Es kann auch genügen, nur die Namen der Menschen aufzuschreiben, an die wir denken möchten.

Für ... (Name einsetzen, evtl. mit einer kurzen Beschreibung des Anliegens): *„Für Familie B., die eine größere Wohnung sucht".*
Für ... (Situation einsetzen mit Erklärung):
„Für die von der Überschwemmung getroffenen Menschen".
Für ... (konkretes Problem aus der Gruppe):
„Für H. und W., dass sie sich in Ruhe auf die Prüfung vorbereiten können".

Ablauf: Die aufgeschriebenen Texte sind an alle Anwesenden verteilt. Nach jeder einzelnen Bitte wird von allen der gemeinsame Satz *„Wir rufen dich an ..."* gesprochen und der Liedruf gesungen.

Ein einleitender Gebetstext eröffnet das Gebet:
Eine/r: *In Gottes Nähe ist Frieden und Ruhe.*
Wir beten zu Gott um Schutz und Heil für uns und alle Menschen:
Alle: *Wir rufen dich an, guter Gott:*

T.: Liturgie, M.: Peter Janssens
aus Ein Halleluja für dich, 1973
© Peter Janssens Musik Verlag, Telgte – Westfalen
transponiert / original in D-Dur

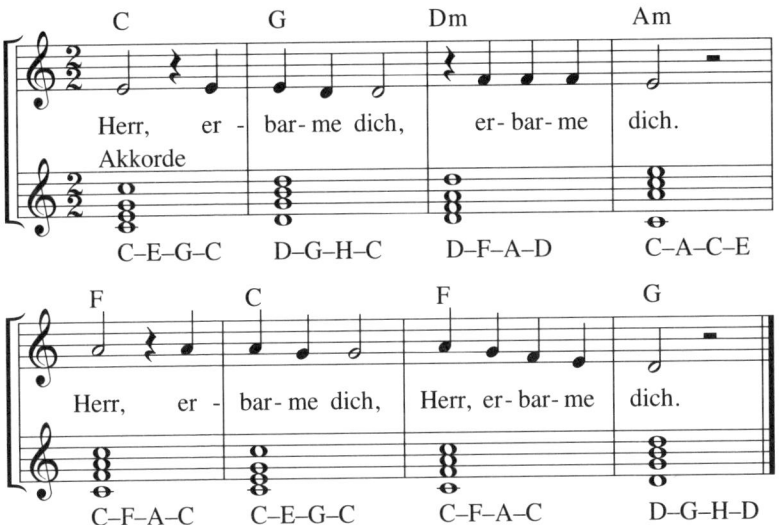

Eine Gruppe kann sich als Musik-Begleitgruppe einsetzen: Bei dem jeweils über dem Text stehenden Akkord-Symbol (C, G ...) werden die entsprechenden Töne z.B. mit Klangstäben oder mit Gitarre, Flöten oder Xylophon angeschlagen.
Zur Vereinfachung: Es genügt, wenn nur der Hauptton und bei Bedarf ein Begleitton gespielt wird: **C**+E ; **G**+H ; **D**+F ; **A**+C ; **F**+A ;

6.4 Segenszuspruch

Wenn wir den Wortstamm des Begriffes „Segnen" untersuchen, finden wir die sehr plastische Deutung: „signare" – „einen Stempel aufdrücken". Der Stempel kennzeichnet etwas als Eigentum, als Original oder als gültige Ausfertigung. Wenn Gott Menschen segnet, dann werden sie als seine Originale wertgeschätzt und erkennbar.

Im lateinischen „benedicere"- „Gutes reden" wird es noch griffiger: Wenn wir segnen:

- wünschen wir einem Menschen Gutes, sprechen Positives über ihn aus,
- zeigen wir handgreifliche Freundlichkeit,

- bringen wir Verständnis und Aufmerksamkeit entgegen,
- werden wir Spiegelbilder der zuwendenden Liebe Gottes.

Segnet; denn ihr seid dazu berufen. (1. Petrus 3,9)

Nach biblischem Befund können die verschiedensten Auswirkungen von Segen festgestellt werden:
- Befreiung von Ängsten, Sorgen, Zweifeln u. a.,
- Heilung,
- Stärkung, Ermutigung, Freude breiten sich aus,
- Trost und Schutz werden erfahrbar,
- Klärung von Fragen, Orientierung bei Entscheidungen werden möglich,
- feindlich gestimmte Menschen beginnen umzudenken,
- ...

Einander segnen kann geschehen durch:
- ein liebevolles, freundliches Ansehen,
- eine gütige Berührung mit der Hand (auf Oberarm oder Schulter),
- einen Zuspruch in Form eines Segenswortes.

Seid gesegnet vom Herrn, der Himmel und Erde gemacht hat. (Psalm 115,15)

Immer wenn Gruppen auseinander gehen, wenn Menschen sich auf eine Reise begeben, wenn wir uns voneinander für kürzere oder längere Zeit verabschieden, wenn Lebensabschnitte zu Ende gehen und Neues anfängt, wenn wir vor Entscheidungen stehen oder Ermüdung und Erschöpfung erleiden, kann dies Anlass sein, einander durch Zuspruch zu unterstützen und konkret zu begleiten (siehe: „Segensworte" auf S. 112 ff.).
Dies können bereits kleine Kinder tun, wenn wir ihnen einen einfachen Weg dazu zeigen. So kann eine Berührung mit der Hand und ein „Gott hat dich lieb"-Zuspruch die ganze Nähe und Zuwendung Gottes ausdrücken.

6.4.1 Ein gestalteter Segenszuspruch

<u>Material:</u> Herzen aus rotem Tonpapier, Sonnen aus gelbem Tonpapier, Blätter aus grünem Tonpapier, Tropfen oder Wellen aus blauem Tonpapier, Stifte.

Die Symbole stehen jeweils für etwas, was wir einander zusprechen wollen:
- Herz für etwas Liebes, was wir der Person sagen möchten,
- Sonne für ein freundliches Wort, etwas, was uns an der zu segnenden Person freut, eine gute Eigenschaft z.B.,

- Blatt für etwas, was wachsen oder zunehmen soll,
- Tropfen oder Welle für etwas Erfrischendes, Stärkendes oder Tröstliches, was wir aussprechen wollen.

Jede/r nimmt sich vier verschiedene Symbole und beschriftet sie für die Gruppe mit den guten Worten, die ihr/ihm wichtig sind, dass sie in der Gruppe ausgesprochen werden. (Es ist sinnvoll, keine Einzelpersonen direkt im Blick zu haben, weil es sonst sein kann, dass Einzelne übersehen oder nicht angesprochen werden.)

Alle Segens-Symbol-Worte werden verdeckt um eine Kerze in der Mitte (oder auf einen Altar) gelegt.

Eine/r beginnt und zieht ein Symbol und geht damit zu einer Person hin, steht, setzt oder kniet sich neben sie, legt ihr die Hand auf den Arm oder die Schulter und spricht das Aufgeschriebene zu (je nach Vertrautheit in der Gruppe kann dies laut und deutlich oder eher leise, diskret geschehen). Die gesegnete Person legt das Symbol-Kärtchen sichtbar auf den Boden und nimmt nun ihrerseits ein Symbol-Wort und geht damit zu einer anderen Person.

Es können auch zwei oder drei beginnen, sodass immer mehrere „unterwegs" sind.

Wir achten darauf, dass am Ende jede/r vier verschiedene Symbole bei sich liegen hat.

6.4.2 Ein Segenslied

Eine Segensrunde kann mit einem Segenslied beschlossen werden. Zum leichteren Erlernen werden die Anwesenden in vier Gruppen aufgeteilt. Jede Gruppe übt nur eine Zeile des Kanons ein, die dann hintereinander gesungen wird. Wir singen einander zu.

Zur Verdeutlichung der Aussage wird jede Kanonzeile mit einer Bewegung unterstrichen:

Zeile 1: Von der Körpermitte beide Arme nach außen führen – „in die Weite des Hinausgehens".

Zeile 2: Beide Arme sind mit nach oben geöffneten Handflächen zur Seite ausgestreckt und werden zur Körpermitte zusammengeführt – „nach Hause kommen".

Zeile 3: Die Oberarme liegen am Körper an, die Hände sind nach oben geöffnet, beide Arme werden vor der Brust übereinandergeschlagen – „bleiben und ruhen".

Zeile 4: Segnend erhobene Hände seitlich in Höhe der Oberarme.

1. Wo - hin auch im-mer du gehst,
2. wo - hin auch im-mer du kommst,
3. wo auch im-mer du bleibst,
4. Ich bin schon da!

6.4.3 Segensworte formulieren

Die Bibel bietet eine Fülle an Möglichkeiten, eigene Segensworte zu formulieren. So kann z.B. ein Psalm- oder Evangelienwort als Anregung dienen, die darin ausgesprochene Wahrheit frei als persönlichen Zuspruch umzuformulieren. Ein Nachsatz: *„So segne dich der allmächtige Gott"* oder: *„Friede sei mit dir"* bestätigt die Aussage.

Beispiele:

• *Wer in das Land seiner Ruhe gekommen ist, der ruht auch selbst von seinen Werken aus.* (Hebräer 4,10)
Segenswort:
Was du auch tust, du brauchst dich nicht zu sorgen; denn dein Werk im Namen Gottes wird von Ihm selbst vollendet und zum Ziel gebracht. Ruhe also in Ihm.

• *Gibst du ihnen, dann sammeln sie ein; öffnest du deine Hand, werden sie satt an Gutem.* (Psalm 104,28)
Segenswort:
Du bist gesegnet mit Gutem in Fülle von Gott, deinem Versorger, der alle deine Bedürfnisse kennt. Seine Schatzkammern sind offen für dich. Voll Dankbarkeit rühmst du seine Liebe.

- *Sie gehen friedlich auf die Weide und niemand schreckt sie auf, wenn sie ruhen.* (Zephanja 3,13)

Segenswort:

Du darfst dein Leben in getroster Gelassenheit führen; denn der Herr sorgt für dich. Nichts entgeht seiner liebevollen Fürsorge für dich und die deinen. Verschwende deine Kraft nicht mit unnötigen Sorgen.

- *Wie ein Hirt führt er seine Herde zur Weide, er sammelt sie mit starker Hand!* (Jesaja 40,11)

Segenswort:

Jesus Christus sorgt für dein Leben. Er weiß, was du brauchst. Sein Arm ist schützend um dich gelegt. Fürchte nichts!

- *Sie werden für immer das Land besitzen als aufblühende Pflanzung des Herrn, als das Werk seiner Hände.* (Jesaja 60,21)

Segenswort:

Dein Leben ist ein Zeichen der Macht Gottes. Er hat dich erschaffen, bis hierher erhalten und dich gedeihen lassen. Seine Liebe ist die Sonne, die über dir leuchtet. Freue dich, dass Gott dich liebevoll ansieht!

- *Seid gesegnet vom Herrn, der Himmel und Erde gemacht hat.* (Psalm 115,15)

Segenswort:

Weit offen ist das Herz Gottes für alles, was du brauchst. Zu Ihm zu gehören ist für dich das Wichtigste. Er ist dein Versorger.

- *Du gleichst einem bewässerten Garten, einer Quelle, deren Wasser niemals versiegt.* (Jesaja 58,11)

Segenswort:

Fürchte keine Hitze und kein Unwetter; denn Gott lässt dein Leben aufblühen und reifen. Er sorgt für dein Leben in Treue.

Bei allen Gebetsformen bleibt entscheidend, dass unsere innere Einstellung und Haltung mit dem, was wir gestalten, reden und tun, übereinstimmt.

Die kreativen Möglichkeiten sind nur die Brücke, über die wir das, was uns bewegt, verständlich sichtbar und hörbar werden lassen. Sie ermöglichen uns ein Mitteilen auf dem Weg von visuellen oder akustischen Hilfen. Wer eine Zeit lang mit diesen Methoden in Gruppen experimentiert, wird feststellen, dass sich viele weitere Ideen entfalten und aus den Gruppen heraus selbst entwickelt werden. Allen Methoden gemeinsam ist, dass sie die Kommunikation miteinander anregen, fördern und bereichern und so einer allgemeinen Verarmung entgegenwirken.

Anlage 1: Namen für Gott, den Vater, Jesus Christus und den Heiligen Geist

Die Zusammenstellung der Namensbezeichnungen ergibt sich durch den biblischen Befund des Alten und Neuen Testaments. In den einzelnen Begriffen spiegelt sich die Fülle der Glaubenserfahrungen des Gottesvolkes. Sicher kann diese Liste durch das eigene Lesen der Schrift und persönliche Erfahrungen jeder/s Einzelnen ergänzt werden. Zum Gebrauch in Gruppen kann jeweils eine Auswahl von zwei bis drei Namen pro Buchstaben getroffen werden, die auf das Verständnis der Teilnehmenden Rücksicht nimmt.

A
Abba
Abbild seines Wesens
Abglanz der Herrlichkeit Gottes
Adonai – Gott, Herrscher in göttlicher
    Autorität
Allerhöchster
Aller Völker Kostbarkeit
Allgegenwärtiger
Allherrscher
Allmächtiger Gott
Allwissender
Amen – so sei es!
Anfang der Schöpfung Gottes
Anfang und Ende, A und O
Anfänger und Vollender unseres Glaubens
Anführer unseres Heils
Arm des Herrn
Arzt
Auferstandener, Auferstehung
Aufgang aus der Höhe
Aufgehendes Licht
Auserwählter

B
Barmherziger
Befreier
Beistand
Berg meines Heils
Beschirmer
Beschützer
Bewahrer
Bischof unserer Seelen
Bräutigam
Brot des Lebens
Bruder
Brunnen des Heils
Burg

C
Christus Gottes

D
Davids Sohn
Demütiger
Der Armen Schutz
Der da ist, der da war, der da kommt
Der Waisen Helfer
Der zu Zion wohnt
Diener
Durchbrecher

E
Ebenbild Gottes
Eckstein
Eingeborener Sohn
Engel des Bundes
Erbauer
Erbe über alles
Erbherr über alle Heiden
Erhabener
Erhalter des Lebens
Erhöhter
Erleuchter
Erlöser
Erretter
Erschaffer
Erster und Letzter und Lebendiger
Erstgeborener unter vielen Brüdern
Erstgeborener von den Toten
Erzhirte
Ewiger Geist
Ewiger Gott
Ewiger König
Ewig-Vater

F

Fels
Fels des Heils
Feurige Flamme
Fleischgewordenes Wort
Freund
Friedefürst
Führer
Fürsprecher
Fürst des Lebens

G

Geber der Gaben
Gebieter der Völker
Geduldiger
Geist Christi
Geist der Besonnenheit
Geist, der ein Feuer entzünden wird
Geist der Erkenntnis
Geist der Frömmigkeit
Geist der Furcht des Herrn
Geist der Gnade
Geist, der heiligt
Geist der Herrlichkeit
Geist der Kraft
Geist, der lebendig macht
Geist der Liebe
Geist, der richten wird
Geist der Stärke
Geist der Wahrheit
Geist der Weisheit
Geist der Weissagung
Geist des Gebetes
Geist des Herrn
Geist des Rates
Geist des Verstandes
Geist Gottes, des Herrn
Geist seines Sohnes
Gekreuzigter
Geliebter
Gerechter
Gesalbter
Gewaltiger
Gnädiger
Gott Abrahams (Isaaks, Jakobs)
Gott der Vergeltung
Gottesheld
Gottessohn
Gott Israels
Gott meiner Gerechtigkeit
Gott unserer Väter

Gott über alles
Großer Gott
Großer König
Guter Hirte
Gütiger

H

Haupt der Gemeinde
Haupt über alles
Heil
Heiland
Heiliger
Heiliger Geist
Heiliger Gottes
Heiliger Israels
Heiliger Knecht
Held
Helfer
Herr
Herr aller Herren
Herr der Herrlichkeit
Herr des Himmels und der Erde
Herr in der Stadt Davids
Herrlicher
Herrlichkeit des Herrn
Herr über alle
Herr über die Könige auf Erden
Herr, unsere Gerechtigkeit
Herrscher über alles
Herr Zebaoth
Herzog unserer Seelen
Hilfe
Himmlischer Vater
Hirte Israels
Hochgelobter
Höchster
Hoffnung
Hoffnung der Herrlichkeit
Hoherpriester in Ewigkeit
Hort, auf den ich traue
Hüter Israels

I

Ich bin
Ich bin für euch da
Ich werde sein, der ich sein werde
Immanuel (Gott mit uns)
Israels Trost

J

Ja aller Gottesverheißungen
Ja Gottes
Jahwe – der aktiv gegenwärtig Seiende
Jeschua – Jesus von Nazareth

K

Knecht Gottes
Kommender
König aller Könige
König der Ehre
König in Ewigkeit
König der Juden
König der Völker
Kraft des Höchsten
Kraftvoller

L

Lamm Gottes
Leben
Lebendiger Gott
Lebendiger Stein
Lebenskraft
Lehrer
Leuchter
Liebe
Lieber Vater
Liebhaber des Lebens
Licht
Licht der Völker
Licht der Welt
Lobgesang
Lösegeld
Löwe von Juda

M

Macht
Macht des Heils
Mächtiger Jakobs
Majestätischer
Mein Gut und mein Teil
Meister
Menschenhüter
Menschensohn
Messias
Mitleidender
Mittler
Morgenstern
Mutter (Ps 131,2)

N

Nachkomme
Naher
Name über alle Namen
Nothelfer

O

Odem des Lebens
Offenbarter im Fleisch
Opfer für uns
Osterlamm

P

Panier
Passahlamm
Preis deines Volkes Israel
Priester in Ewigkeit
Prophet
Psalm, mein Psalm

Q

Quelle des Lebens

R

Rabbuni, Rabbi
Rächer
Ratgeber
Rechtsbeistand
Regen für dürres Land
Retter
Richter
Richter aller Welt
Richter Israels

S

Sanftmütiger
Schild
Schirm
Schönster unter den Menschenkindern
Schöpfer
Schöpfer Israels
Schrecklicher
Schutz
Schutzherr
Seliger und allein Gewaltiger
Seligmacher
Sieger
Sohn
Sohn Davids
Sohn des Hochgelobten
Sohn des lebendigen Gottes
Sonne der Gerechtigkeit

Sonne und Schild
Spross
Stab
Stärke
Stärke seines Volkes
Starker
Starker Turm
Sündopfer

T
Tau für Israel
Töpfer
Treuer Gott
Treuer und wahrhaftiger Zeuge
Triumphierender
Tröster
Trost Israels
Tür

U
Unser Vater im Himmel
Unsichtbarer
Unsterblicher
Unvergänglicher
Urheber des ewigen Heils
Ursache zur ewigen Seligkeit
Ursprung allen Seins
Ursprung der Schöpfung

V
Vater
Vater des Lichts
Verachteter
Verheißung des Vaters
Versorger
Verzehrendes Feuer
Vollkommener
Vorbild

W
Wahres Licht
Wahrhaftiger
Wahrheit
Wasser des Lebens
Weg
Weinstock, wahrer Weinstock
Weisheit Gottes
Williger Geist
Wort
Wort der Versöhnung
Wort des Lebens
Wunderbarer
Wunderbarer Ratgeber
Wunderrat
Wurzel Davids
Wurzel Jesse

Z
Zepter aus Israel
Zeuge
Zions Gott und König
Zuflucht
Zuversicht
Zweig aus der Wurzel Jesse
Zweischneidiges Schwert

Anlage 2: Segensworte

So wie einer, der gesät hat, in bestimmter Gewissheit auf die Früchte war-
tet, so hast auch du dein Herz in der Geduld verankert, dass Gottes Ver-
heißung sich erfüllt. Du hast einen langen Atem für alle, die mit dir leben,
weil Gottes Erbarmen euch alle trägt und zum Ziel bringt. (Jakobus 5)

Wie ein Gärtner eine Pflanze einsetzt, begießt und pflegt, so will Jesus
seine Worte in dein Leben einpflanzen. Im Hören wächst in dir das mutige
Reden und die Tat der Liebe. Achte darauf, dass die Saat nicht erstickt
wird, sorge für Licht und Wärme, indem du der Freude Raum gibst.
(Jakobus 1)

In großer Güte begegnet dir Gott. Darum bist du sicher und zweifelst
nicht, wenn du ihn um Hilfe bittest: Dein Glaube ist stark, weil Gott der
Fels ist. Deine Liebe wird erneuert, weil Gott die Quelle ist. Deine Freude
wächst, weil du seine Wohltaten entdeckst. (Jakobus 1)

Fürchte nichts! Gott selbst bewahrt dich und schützt dich, weil du dich
ihm anvertraut hast. Was dich auch umgibt, durch Gottes Heiligen Geist
erkennst du die Wahrheit und überwindest das Böse mit Liebe. Rufe ge-
trost und bitte freimütig; denn du gehörst zu Jesus Christus, der dich ge-
rettet hat zum ewigen Leben. (1. Johannes 5)

Du bekennst Jesus Christus und weißt um seine große Liebe zu dir. Das
schenkt dir die Freiheit zu lieben, die ungeliebt sind, zu versöhnen, die
ohne Frieden sind und zu vertrauen, dass Jesus mit seiner Liebe alles
vollendet, was du beginnst. Sei mutig im Tun des Guten. (1. Johannes 4)

Wie ein Kind zum Vater kommt, so breite vor ihm aus, was dich bewegt und
beschäftigt. In seiner Nähe lösen sich Fragen und der Mut zur Wahrheit
wächst in dir. Die Liebe und Wertschätzung Jesu Christi gibt dir Stärke
und Tapferkeit zu tun, was recht ist und furchtlos zu lieben. So sind es nicht
deine Worte, die Gott loben, sondern deine Haltung des kindlichen Ver-
trauens. (1. Johannes 3)

Du achtest mehr auf Gottes Wort und Verheißungen als auf das Gerede
der Menschen. Sei darin stark und fest, zuversichtlich und unerschütter-
lich. Halte dich an die Geduld Jesu Christi und bleibe darin im Frieden,
so wird deine Erkenntnis zunehmen, du wirst ihn verstehen und lieben ler-
nen. (2. Petrus 3)

Du bist ein Vorbild und ein Diener, kein Beherrscher; denn Jesus Christus
selbst ist Hirte seiner Herde. Was du tust, tust du aus Liebe und ganzem
Herzen und mutig. Aber alles Sorgen und nüchterne Denken unterstelle

dem starken und allmächtigen Leiten Gottes, der dir Kraft und Fundament ist. Sein ist die Macht und die Vollendung alles Begonnenen.
(1. Petrus 5)

Fürchte keinen Wind und erschrick nicht vor Menschen! Du hast den guten Weg gewählt, dich von Jesus Christus führen zu lassen. Diese Hoffnung strahlt aus dir und viele kommen ins Fragen nach dem Grund deiner Freude. Freimütig und mit gutem Gewissen kannst du jederzeit und überall deinen Glauben bekennen. Dein Leben bekräftigt deine Worte.
(1. Petrus 3)

Du hast dein Lebenshaus auf Jesus Christus als Fundament gebaut. Er hat dich eingefügt in die Gemeinde, in das heilige Gottesvolk, das er selbst leitet und versorgt. Seine Geduld und Freundlichkeit bestimmt dein Leben, weil du ihm überlässt, dich zu rechtfertigen, dich zu heilen und dir zu geben, was du brauchst. (1. Petrus 2)

Dein Glaube erweist sich in deiner praktischen Liebe, in Gastfreundschaft und Fürsorge, in Hilfeleistungen und Unterstützung. Du weckst dadurch Trost und Freude in der Gemeinde. Gottes Freude über dich ist groß, ihn erkennst du immer mehr. (Philemon)

Du weißt dich aus Gottes Barmherzigkeit gerettet und berufen zur tatkräftigen Liebe. Deine Bereitschaft zum Tun des Guten ist groß. Lass dich jeden Tag vom Heiligen Geist erfüllen und ausrüsten, damit deine Zuversichtlichkeit und dein Mut erneuert werden und du nicht müde wirst. Jesus Christus schenkt dir Fülle und Frieden. (Titus 3)

Du hast den Reichtum des Evangeliums gefunden und nimmst Gottes Wort an, wie du es gelernt hast. Du fürchtest nichts, wächst im Vertrauen zu Jesus Christus. Er lehrt dich, deckt Schuld auf, zeigt den Weg zur Besserung und erzieht dich in großer Liebe, weil er dich durch alles hindurch vollkommen und geschickt machen will zum Guten. Ihn spiegelst du wieder. (2. Timotheus 3)

Du zeigst Vertrauen zu denen, die dich im Glauben leiten. Deine Liebe ermutigt sie und stärkt sie für ihre Aufgabe. Du hast Tragkraft für die Schwachen, Geduld zeichnet dich aus. Deine Fröhlichkeit und dein Eifer für das Gute sind Gott kostbar. Deine Dankbarkeit ist der Glanz deiner Gebete, die Gott erfreuen. Dich bewahrt Jesus Christus in deiner Berufung. (1. Thessalonicher 5)

In Stille und Treue arbeitest du, wie du es vermagst. Gott sieht auf das Werk deiner Hände und deines Herzens und stärkt dich, dass alles in der Liebe geschieht. Du lebst vor Gott und aus der Kraft des heiligen Geistes, *durch den du anderen dienst nach deinem Vermögen. Gott vollendet sein angefangenes Werk in dir. Entspanne dich in ihm.* (1. Thessalonicher 4)

Die Wurzeln deines Vertrauens wachsen in die Tiefe; denn du achtest Gottes Wort höher als alle menschliche Lehre. Niemand kann dir das Ziel verrücken, wenn du dich an Jesus Christus hältst. Er ist es, der dir Freiheit und Entfaltung, Leben und Fülle schenkt. Freue dich deiner Taufe und danke für die Vergebung aller Schuld, die dir immer einen neuen Anfang schenkt. (Kolosser 2)

Durch dein Vertrauen in Jesus Christus wirst du stark und fest in der Liebe. Dein Herz wird weit und offen für alle, die ihn nicht kennen. Durch Gottes Liebe überwindest du Grenzen und Mauern, Zäune und und Barrieren. Freimütig gibst du weiter, was er dir gab, und ehrst ihn durch deinen Gehorsam. (Epheser 3)

Dein Glaube an Jesus Christus wird sichtbar in allem, was du aus Liebe tust. Du hast offene Augen und ein offenes Herz für die Nöte anderer. In großer Freiheit dienst du. Freundlichkeit und Güte sind um dich durch den Heiligen Geist, der alles Gute in dir reifen lässt. Gott vertraut dir viel an. (Galater 5)

Wie Christus sein Leben für dich gelebt und geopfert hat aus Liebe, so lebst auch du für die dir Anvertrauten. Deine Wertschätzung und Annahme schafft Raum zur Entfaltung und gibt Trost denen, die verzagen wollen. Der Gott der Hoffnung erfüllt euch mit Frieden und Einheit im Glauben. (Römer 15)

Du lebst mitten in der Welt und stehst doch ganz auf dem neuen Land des Lebens für Jesus Christus. Du kennst die Spielregeln dieser Zeit und hast für dich gewählt, dein Denken und Handeln von Gottes Wort bestimmen zu lassen. Immer mehr erkennst du den Willen Gottes und tust, was ihn ehrt und erfreut. Er schenkt dir zu deiner Sorgfalt Freude und Gelingen. (Römer 12)

Anlage 3: Beispiele für Handzeichnungen

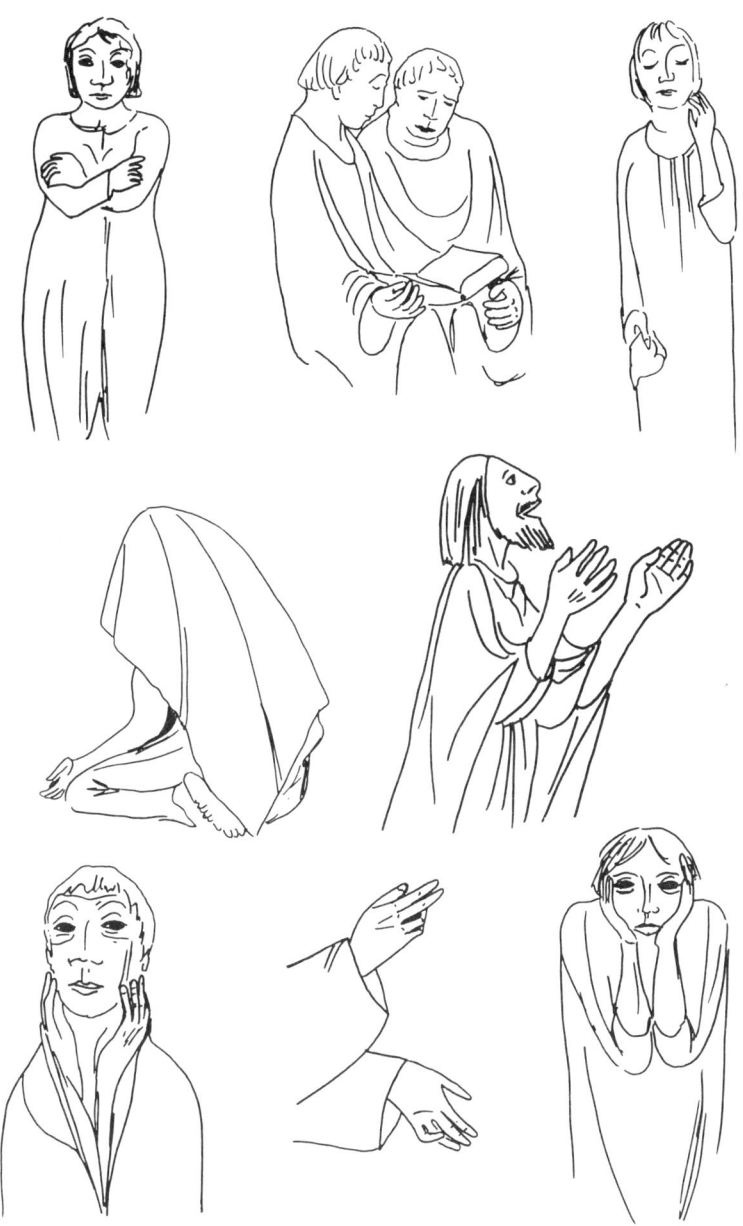

7. PSALMEN – EINMAL ANDERS

Einleitung: Die Psalmen als Sammlung von Liedern, Gebeten und Gedichten sind eine wahre Fundgrube für schöpferische Anregungen. In ihnen kommt die ganze Vielfalt menschlichen Empfindens und menschlicher Lebens- und Leidens-Erfahrung zum Ausdruck. Sie spiegeln die Gefühle und den Glauben Einzelner und des Gottesvolkes wieder und werden darum auch immer neu für Menschen zur Brücke, um ihrem eigenen Erleben Stimme zu geben.

Gerade weil die Psalmen in erster Linie Gebete, Dichtung und Gesänge über das Leben und aus dem Leben heraus zu Gott hin sind, werden sie sich dem betenden, horchenden, singenden und tanzenden Menschen leichter erschließen. Es bietet sich zunächst kein abstrakt-logischer Zugang zu ihnen; denn mit dem Leben lässt sich nicht argumentieren, man nimmt es damit auf, man spürt es im Tiefsten in sich selbst, verleiht ihm Ausdruck und tastet nach der eigenen Erfahrung.

Menschen haben ihr Herz gegenüber Gott als dem einzigen Gesprächspartner ausgeschüttet, wurden ganz echt in ihrem Ruf nach Heil, in Lob und Klage, in Schrei und Schluchzen, in Jubel und Glück. So sind die Psalmen nicht nur das Gebetbuch Israels, sie waren auch das Gebetbuch Jesu Christi, der Jünger, der Apostel, der ersten Kirche, und sie sind es bis heute. Sie vereinen die Glaubenden aller Zeiten und Orte in einzigartiger Weise.

In den verschiedenen kreativen Zugängen bietet sich eine Möglichkeit, die konzentrierten Erfahrungen der Glaubenden des Volkes Israel für uns zu aktualisieren und fruchtbar zu machen.

Bei allen Methoden ist darauf zu achten, dass sie in einer entspannten und leichten Atmosphäre eingeführt werden, es geht nicht um Arbeit oder Leistung, um theologische oder tiefenpsychologische Erkenntnisse. Kreative Zugänge sind ein Spiel. Dass sich auch und gerade im Spiel tiefere Einblicke auftun können, ist gewollt und natürlich, doch sollte es nicht durch eine zu ernsthafte Stimmung gefördert oder provoziert werden. Manchmal stellen sich wesentliche und bedeutsame Einsichten gerade unerwartet und ungeplant ein. Hier ist das zuversichtliche Vertrauen auf das souveräne und eigenwillige Wirken des Geistes Gottes angebracht.

116

7.1 Bilder für das Wesen Gottes pantomimisch gestalten

Material: Die Bild-Psalmworte (Beispiele siehe S. 133 ff.) werden auf Karten geschrieben und verdeckt in die Mitte gelegt. Alle im Raum vorhandenen Gegenstände können als Hilfsmittel eingesetzt werden.

Die Teilnehmenden ziehen nacheinander eine Karte, lesen sie laut vor und legen sie dann wieder verdeckt ab.
Welche Bilder wurden beschrieben? (Schild, Flügel, Fels ...)

Jede/r Zweite zieht eine Karte und überlegt sich mit der/dem Nachbar/in eine pantomimische Darstellung. Etwa 2 Minuten Übungszeit genügen. Nacheinander stellt jedes Paar sein Wort dar, die anderen raten, wie der Text lautet. Er wird noch einmal laut gelesen.
Da alle Psalmworte bereits einmal gelesen wurden, fällt es meist nicht schwer, mindestens sinngemäß die Aussage zu erraten.

Variation 1: Partnerstandbild und bewegtes Partnerstandbild
Die von den Partnern gewählte pantomimische Darstellung wird nicht als Handlungsablauf gezeigt, sondern als „eingefrorenes" Standbild. Das verlangt von den Darstellenden ein Auswählen einer möglichst typischen und treffenden Pose, die den Kern der biblischen Aussage trifft. Zur Erleichterung für die Ratenden kann auf ein Signal durch einen Gong oder eine Trommel (o.ä.) hin das erstarrte Bild in Bewegung geraten, bis erneut ein Signal gegeben wird und die beiden wieder versteinern.

Variation 2: Gruppenstandbild
Alle Teilnehmenden bilden zwei Gruppen. Eine Gruppe 1 zieht eine Karte und bespricht kurz die mögliche Umsetzung als „Denkmal" (Standbild aus mehreren Personen).
Nacheinander darf jedes Mitglied der Gruppe 1 eine Person aus Gruppe 2 auswählen und ihr „eine Form geben", d.h., Hände, Beine, Körperhaltung, Gesichtsausdruck werden modelliert. Eine Person nach der anderen wird in das Gesamtbild eingebaut, ohne dass gesprochen wird. Sie lassen sich bewegen wie Puppen, Marionetten oder plastisches Material. Wenn das Denkmal fertig ist, äußern sich die Modellierten, sie schildern ihre Empfindungen und welches Bild sie meinen darzustellen.

Danach werden die Rollen vertauscht, Gruppe 2 baut das Denkmal mit „dem Material" aus Gruppe 1. Alle drei pantomimischen Methoden bewirken ein intensives Achten auf die Bedeutung der jeweiligen biblischen Aussage. Die so sichtbar vor Augen gestellten Psalmworte prägen sich außerordentlich stark und nachhaltig ein. Das lässt sich erkennen, wenn man sich am Ende darüber austauscht, was in der Erinnerung haften geblieben ist.

117

7.2 Moderne Psalmlieder mit Bewegungen und Instrumenten gestalten

Es gibt eine große Anzahl moderner Vertonungen von Psalmtexten, die sich zum Singen mit Bewegungen oder zum Gestalten mit Rhythmusinstrumenten eignen. Oft sind sie als MC oder CD zum leichteren Erlernen oder Mitsingen im Handel erhältlich.

Ein Beispiel aus einem Seminar für Religionslehrer/innen:

M.: RU-Seminar, RPZ Schönberg, Uli Pietsch u. a.
aus: Schönberger Sonderheft Nr. 14 / Lasst uns miteinander singen, spielen ...
© RPZ, Kronberg / Ts.

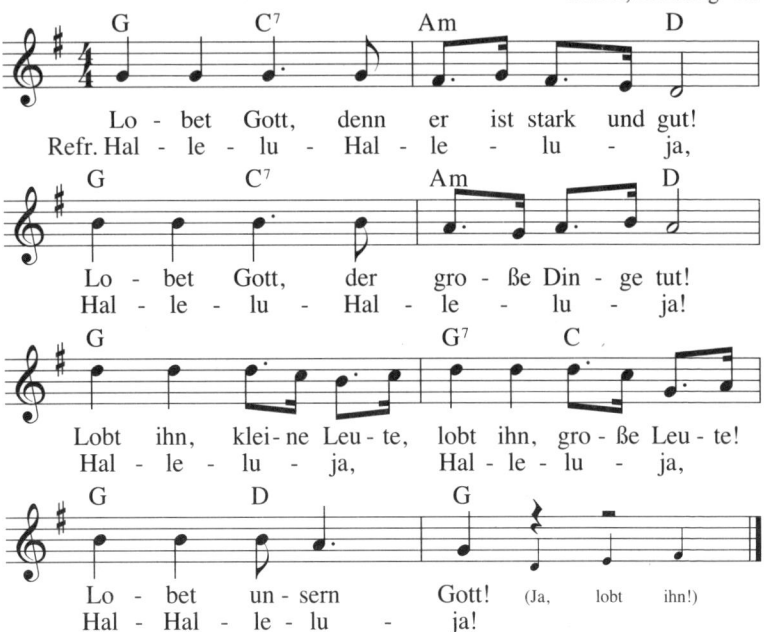

Lobet Gott in seinem Heiligtum, / lobt ihn in der Feste seiner Macht.
Lobet ihn, kleine Leute ...
Lobet ihn für alle seine Taten. / Lobet ihn in seiner Herrlichkeit.
Lobet ihn mit schmetternden Posaunen. / Lobet ihn mit Psalter und mit Harfen!
Lobet ihn mit Pauken und mit Reigen. / Lobet ihn mit Saiten und mit Pfeifen!
Lobet ihn mit hellen, hohen Zimbeln. / Lobet ihn mit wohlklingenden Zimbeln!
Lobet Gott, denn er ist stark und gut! / Lobet Gott, der große Dinge tut.
Lobt ihn, regt die Hände, dass sein Lob nie ende. Lobet unsern Gott!

Gemeinsam lassen sich leicht passende Bewegungen finden, die der Freude Ausdruck geben, die diesen Psalm durchzieht.

„Lobet Gott"	– Hände nach oben werfen
„denn er ist stark und gut"	– Hände mit geschlossener Faust neben dem Körper nach unten ziehen
„der große Dinge tut"	– vor dem Körper mit beiden Armen einen großen Kreis nach außen beschreiben
„Lobt ihn, kleine Leute"	– in die Hocke gehen
„lobt ihn, große Leute"	– aufstehen und nach oben strecken
„Halleluja"	– mit Rhythmusinstrumenten einen „fröhlichen Lärm" veranstalten.

Der Einsatz von Instrumenten kann auch gesteuert werden, indem zwei oder drei Gruppen gebildet werden, die abwechselnd zum Einsatz kommen, aber bei *„Hal – Hal – leluja!"* gemeinsam spielen.

<u>Hinweis:</u> Die Bewegungen zum Singen sind Luft schaffend, die Atmung wird intensiviert, Verspannungen lockern oder lösen sich.
Es wird keinerlei Druck ausgeübt, wer sich bewegen möchte, hat die Freiheit dazu, wer es nicht möchte, lässt es. Bewegungen werden nicht „fromm" überfrachtet als Ausdruck einer persönlichen Glaubensaussage, Bewegung ist in sich selbst bereits sinnvoll und menschliches Grundbedürfnis. Wenn eine Ausdrucksgestaltung zur tatsächlichen Anbetung Gottes, zu Gebet und damit persönlichen Gotteszuwendung wird, ist das gut, es ist aber nicht das Ziel.

Nur wenn diese Freiheit und Gelöstheit garantiert ist, bleibt der spielerisch-fröhliche Charakter erhalten.

7.3 Welt- und Lebenskreis in den Psalmen

Viele Psalmen sprechen davon, dass Gott der Erhalter und Gestalter meines Welt- und Lebenskreises ist. Sie erzählen von Pflanzen und Tieren, von uns Menschen und unseren Erfahrungen und Widerfahrnissen. Wenn es um den Lebenskreis geht, dann ist damit etwas Umfassendes gemeint, in das die ganze Schöpfung, alle Kreatur, alle Mächte, Gewalten und Geschehnisse eingeschlossen sind.

Psalm 97,1–6 (oder 96, 10–13 o.a., siehe S. 132 und 135) wird mit dem Overheadprojektor auf eine Leinwand projiziert und gemeinsam gelesen. Der Text bleibt sichtbar.

Jeder Kreis bildet eine Einheit, ein Ganzes. Er ist in sich geschlossen, ohne Anfang und Ende. Er grenzt eine Fläche von dem, was außerhalb liegt, ab und umschließt ein Inneres.

Jeder Kreis hat ein Zentrum, das alles, was in diesem Kreis geschieht, ordnet.

Jeder Kreis ist Symbol für das All, das Leben, für Ewigkeit, für Unendlichkeit und für Sammlung.

Oft wurde in der mittelalterlichen und der Ikonen-Malerei der Kreis mit dem Kreuz verbunden – zum Zeichen der Herrschaft Christi über die Welt oder mit der Krone als Hinweis auf den Sieg Christi.

Jeder Kreis kann sich nach außen öffnen oder mit anderen Kreisen überschneiden, wodurch sich gemeinsame Felder ergeben.

Im Psalmtext entdecken wir verschiedene Aussagen, die uns bei der Gestaltung unseres eigenen Welt- und Lebenskreises eine Hilfe sein können:

- die Beziehung zwischen Gott und Mensch und Schöpfung,
- die Stellung Gottes innerhalb des Erdkreises (König, Vater ...),
- Empfindungen (Freude, Dankbarkeit ...),
- die Bedeutung Gottes in unserem Leben (wo steht er, was untersteht ihm, was ordnet er? ...).

Wie kann ich etwas ausdrücken ...

- mit Farben (Gegensätze, Hell-Dunkel, Licht und Schatten, Stimmungen),
- mit Linien (Bewegungen, Abgrenzungen, Eigenschaften, Unterstreichungen, Wege, Gottes Spuren),
- mit Symbolen (Textaussagen, Inhalte, Eigenschaften, Bilder für Gott),
- mit der Einteilung oder Anordnung des Kreises (Lebensbereiche, Gegenüberstellungen, Beziehungen, Aufgaben, Menschen, die bedeutsam für mich sind),
- mit Worten und Schrift (Namen, Textteile, Orte, Erinnerungen)?

Material: Große Kreise aus Packpapier, Temperafarben in Flaschen, Pinsel, Wachsmalstifte.

Gestaltungszeit: ca. 60 Minuten

Jede/r bringt ihr/sein Bild in die Runde und kann mitteilen, was sie/er möchte.

Es ist gut, wenn jede/r wenigstens einen Satz sagt und nicht mit ihren/seinen Gedanken allein bleibt, damit sich eventuell aufgebaute Spannungen während des intensiven Nachdenkens und Gestaltens wieder lösen können.

120

Hinweis: Es kann sein, dass Eindrücke sehr tief gehen und Menschen in Tränen ausbrechen, wenn sie darüber berichten. Wir lassen das zu, greifen nicht ein und versuchen auch nicht vorschnell zu trösten oder zu besänftigen. Anleitende müssen darauf achten, dass kein Gruppenmitglied eine Helferrolle gegenüber anderen einnimmt. Ein körperliches Zeichen durch die Berührung mit der Hand auf der Schulter mag ausreichen, um zu heftige Gefühlsregungen zu besänftigen. Immer sollte die/der Anleitende die Leitung und Verantwortung sanft, aber deutlich in Händen halten, damit die Teilnehmenden entlastet sein können. Kann ein/e Teilnehmer/in nicht mehr weitersprechen, genügt es, andere in der Gruppe zum Fortfahren im Austausch zu ermuntern.

7.4 Psalmen mit Händen und Füßen erleben

Mit unseren Händen sind wir den ganzen Tag über beschäftigt, unsere Füße sind dauernd in Bewegung, und doch nehmen wir beide meist gar nicht gezielt wahr, wir benutzen sie nur.

Die Psalmbeter sprechen von unseren und Gottes Händen, von Gutem und Helfendem, was sie bewirken, vom Ausstrecken als Verstärkung von Bitte und Klage, Lob oder Freude, vom fröhlichen Klatschen, vom Arbeiten und Segnen. Noch vielfältiger ist es bei den Füßen. Sie treten hin oder auf, was zum Zeichen für Macht und Herrschaft wird, sie haben Raum und Weite zum Ausschreiten als Hinweis auf Lebensentfaltung, sie sind gefährdet, gefangen und gefesselt als Bild für all das, was Leben einengt.

Um mit Händen und Füßen zu erleben, bedarf es einer Sensibilisierung unserer Hände und Füße. Dazu dienen die Massage-Vorbereitungen, durch welche die Durchblutung gefördert und die Empfindsamkeit erhöht wird. Derartige Vorübungen sollten in einer humorvollen Atmosphäre stattfinden, es ist jeder/m freigestellt, sich daran zu beteiligen oder nicht.

Material: Hand- und Fußabdrücke (nackten Fuß auf Tonpapier setzen, bzw. Hand auflegen und rundum abzeichnen) mit Psalmworten (Anhang). Die Vorlagen können gemeinsam hergestellt werden oder schon vorbereitet sein.

Die Hände- und Füßekarten liegen in der Mitte des Raumes.
Die Teilnehmenden bilden Vierer-Gruppen.

Zur Einstimmung ziehen wir unsere Schuhe aus und massieren uns gegenseitig mit leichtem Druck die Füße, dabei streichen wir von den Zehen zum Herzen hin über den Rist, nehmen einen Fuß in beide Hände und kneten die Fußsohle und die Zehen mit kräftigem Druck (nicht sanft anfassen, weil das unangenehm ist und kitzelt!).

Jede Gruppe zieht zunächst einen Fuß-Vers und überlegt sich eine pantomimische Darstellung dazu, bei der die eigenen Füße besonders in die Darstellung einbezogen werden (2 min).

In der Kreisrunde führen nacheinander alle Gruppen ihre Pantomimen vor, die anderen raten, um welchen Vers es sich handeln könnte. Er wird zum Schluss der Darstellung vorgelesen. Eventuell ist eine Wiederholung der Pantomime zur besseren Einprägung und zum tieferen Verständnis hilfreich.
In einem zweiten Durchgang zieht jede Gruppe einen Hand-Vers, Gestaltung s.o.

Zur Vorbereitung massieren wir uns selbst die Hände bis über das Handgelenk hinaus, jeden einzelnen Finger, die Gelenke und Knochen, die Zwischenräume und die Handinnenflächen, bis sie deutlich durchblutet und warm sind.

In einem abschließenden Kreisgespräch äußern sich die Teilnehmenden, was sie besonders beeindruckt oder bewegt hat und welcher Vers ihnen in Erinnerung geblieben ist (jede/r nimmt die Hand- oder Fußkarte dazu mit).

Mit den restlichen Fußabdrücken legen wir einen „Pilgerweg" hin zu einem Wasserkrug mit Gläsern, die restlichen Handabdrücke bilden einen Kreis um den Krug (es können auch Brot und Trauben oder Äpfel o.a. dabei sein).

7.5 Mein liebstes Psalmwort

Unsere ganz persönliche Art, unser ureigenes Wesen wird sichtbar in allem, was wir tun und sagen, was wir lieben oder ablehnen, was wir wählen oder verwerfen. Die Aufforderung, ein bestimmtes Psalmwort auszuwählen, bedeutet, dass wir uns entscheiden gemäß unserer Wertvorstellungen und Prägungen, unseres Gottesbildes und unserer Weltsicht. Dies ist uns in den meisten Fällen nicht bewusst, es kann jedoch Spiegel sein zum Verstehen, warum wir so und nicht anders denken, fühlen oder glauben.

Material: weiße DIN-A-4-Papiere, dicke Filzstifte, Klebstreifen, Auswahlblatt mit Psalmworten (siehe S. 133 ff.).

Jede/r wählt sich ein Psalmwort aus, schreibt es nach Möglichkeit groß und deutlich auf ein weißes Papier und heftet es an eine freie Wand. Alle haben die Möglichkeit, die gewählten Worte zu lesen.

Jede/r darf sein Wort zu einem anderen umhängen (daneben, darunter, darüber). Es können Gruppierungen entstehen.

Die/der Anleitende gibt einige Fragen zum Nachdenken und stillen, schriftlichen Beantworten in die Runde. Nach jeder Frage wird Zeit gelassen für das Notieren der eigenen Eindrücke:

- *Komme ich in dem Text vor? Wie wird von mir gesprochen?*
- *Welche Gefühle werden beschrieben? Bin ich so? Wünsche ich mir etwas?*
- *Wer kommt sonst noch vor? Andere Menschen? Wie werden sie beschrieben?*
- *Wie wird von Gott geredet? Ist „mein Gott" so?*
- *Welche Grundstimmung beschreibt der Text? Hat das etwas mit mir und meinen Erfahrungen zu tun?*
- *Welche Weltdeutung kommt darin zum Ausdruck?*
- *Enthält der Text bewusste Willenserklärungen?*
- *Welche Bilder fallen mir ein?*

Jede/r sucht sich eine Person ihres/seines Vertrauens (eventuell sind es diejenigen, die ihre Texte bereits zueinander gehängt haben), nimmt den Text von der Wand ab und hat Gelegenheit, die persönlichen Wahrnehmungen auszutauschen.

Wir achten darauf, dass wir nicht unterbrechen, nachfragen oder Ratschläge und eigene Meinungen und Deutungen einwerfen, sondern füreinander „offenes Ohr und offenes Herz" sind, d.h., wir hören zu, schauen an, wenden uns zu, zeigen Bereitschaft anzunehmen. Wenn eine Person alles gesagt hat, was sie mitteilen möchte, kann die andere Person beginnen.

Die Partner- (oder Gruppen-) Austauschzeit wird beendet, indem jede/r ihren/seinen ausgewählten Vers vorliest und wieder an die Wand heftet.

Ergänzung: Im Anschluss daran bietet es sich an, den gewählten Vers mit einer der vorgestellten Methoden zu gestalten.

7.6 Psalmen durch Schreiben begreifen

Es gibt vielerlei Möglichkeiten, durch kreatives Schreiben (siehe Kapitel 4) meine ganz individuelle Wahrnehmung auszudrücken: Das kann eine Umformulierung eines Textes in meine moderne Sprache sein – oder eine Betrachtung, bei der ich um das Thema des Textes kreise und es von verschiedenen Seiten beleuchte, oder eine meditative, assoziierende Betrachtung, bei der ich einen Gedanken nach dem anderen, so wie sie mir einfallen, ohne zu sortieren und zu bewerten, notiere (dabei geht es nicht um Stil oder Form).

Beispiel: Zunächst lese ich den Text halblaut mehrfach vor mich hin:
„Du zeigst mir den Weg zum Leben."

An einer bestimmten Stelle verweile ich gedanklich, also beginne ich hier und lasse es fließen:
„Du, warum Du? – Ich bin es gewohnt, meine Entscheidungen selbst zu treffen! – Du, das irritiert mich, das stört mich. – Du, also gut: Du, dann eben Du. – Ich höre. – Du, ich warte. – Was kommt da auf mich zu?

Irgendwann verläuft sich ein Faden, dann setze ich wieder beim ursprünglichen Text an, greife einen anderen Gedanken auf.
So entsteht ein Gedanken-Wanderweg, den ich, wenn der Strom versiegt ist, ruhig und gelassen als Fenster in mein Inneres annehme und behutsamwach in seiner Ganzheit lese. Vielleicht möchte ich dann am liebsten an einigen Stellen Korrekturen vornehmen, aber das ist nicht nötig, da wir keine theologische Lehre oder Dogmatik verfasst haben, nichts, was es zu veröffentlichen oder zu beurteilen gilt.

Eine sehr komprimierte und verdichtete Form ist das Lifestyle-Gedicht.

Bei der Lifestyle-Form wählt jede/r aus einem Text einen persönlich bedeutsamen Begriff und formuliert dann im Blick auf sich selbst und die momentane Situation, auf die mit ihr/ihm lebende/n Person/en und auf Gott fünf Sätze nach vorgegebenem Muster.

Beispiel: Psalm 27,5 Er birgt mich im Schutz seines Zeltes.
Wäre ich ein/e ... Zelt ...,
(gewähltes Stichwort)

so wäre ich ein/e ... großes Mannschaftszelt ...
(wer bin ich, wie sehe ich mich)

Du ... Gott ... wärst ... das starke Halteseil ...
(wer/wie bist du, andere, Gott)

Es wäre ... stabil, sicher und geborgen ...
(wie beurteile ich diese Situation)

Ich wünschte ... mein Freund wäre da ...
(was habe ich für Ziele, Träume)

Und ich würde ... mich stundenlang mit ihm unterhalten ...
(was will ich konkret tun, was tue ich)

Für die Ausarbeitung werden mindestens 20 Minuten benötigt.
Durch die Reduktion auf einen einzigen Begriff entsteht eine Art Extrakt des Textes, der mir wie ein Lebensstil-Spiegel vor Augen hält, was für mich wichtig ist.

Eine zweite Möglichkeit ist das Lifeline-Gedicht:

Lifeline ist ein 33-Silben-Gedicht in 4 Zeilen, bei dem die Anzahl der Silben eine symbolische und damit auch inhaltlich bindende Bedeutung hat.

Die erste Zeile hat 11 Silben. Die Zahl 11 bedeutet das Ungereimte, das Ungelöste, das Problem:
• Ich formuliere meine Anfrage, die sich aus dem Text ergibt.

Die zweite Zeile hat 9 Silben. In der Zahl 9 spiegelt sich die ursprüngliche, ewig-gültige Wahrheit, das, was ich von Gott erkannt habe:
• Ich formuliere eine Zusage, eine Gewissheit trotz meiner Zweifel.

Die dritte Zeile hat 8 Silben. Die 8 ist die Zahl der Vision, des Neuanfangs und der Aussicht:
• Ich beschreibe meine persönliche Hoffnung.

Die vierte Zeile hat nur noch 5 Silben, zwingt also zu sehr starker Konzentration. Die Zahl 5 meint das Ur-Menschliche, Jetzige, Eigene und Persönliche:
• Ich formuliere ein konkretes Tun, Wollen, Vermögen oder Handeln.

Beispiel: *Der Herr, mein Gott, macht meine Finsternis licht.*
        (Psalm 18,29)

Fins-ter-nis, Dun-kel mich um-ge-bend heu-te. (11 Silben)
Bei dir, Gott, ist Klar-heit und Durch-blick. (9 Silben)
Ein Tag des La-chens wird kom-men. (8 Silben)
Ich will jetzt auf-sehn. (5 Silben)

7.7 Psalmen kalligrafisch entdecken

Eine Form des spielerischen Entdeckens bietet das kalligrafische Bearbeiten eines Psalmverses. Im zwanglos-experimentierenden Tun werden Texte auf einmal lebendig und geben Einblicke und Ausblicke frei.

Material: verschiedene Buntstifte, Wachsmalstifte, Wasserfarben, Pinsel, unterschiedlich große, weiße oder bunte Papiere.

Beispiel: *Du zeigst mir den Weg zum Leben.* (Psalm 16,11)

Erster Schritt: Ich unterstreiche das für mich wichtigste Wort:
Du zeigst mir den Weg zum Leben.

Zweiter Schritt: Ich hebe dieses Wort durch Größe, Dicke und Form besonders hervor:
*Du zeigst mir **den Weg** zum Leben.*

Dritter Schritt: Wenn das Wort eine Bewegung oder Dynamik enthält, kann ich die Schreiblinien verlassen und frei auf dem Blatt schreiben (aufwärts, abwärts, hoch, dick, dünn, in Wellen, Spiralen ...):
*Du zeigst mir **den Weg***   *den Weg*
den Weg   *den Weg*
den Weg

Vierter Schritt: Ich suche Symbole, welche die Aussage verstärken:

Du zeigst mir | ***den Weg***   ⟩   *zum Leben*

Fünfter Schritt: Ich wähle Farben, welche die Aussage vertiefen, die Gegensätze sichtbar machen oder die für mich etwas bedeuten:
*Du zeigst mir **den Weg***   *den Weg*
den Weg   *den Weg*
den Weg

Während des ganzen Prozesses des kalligrafischen Gestaltens verdichten und klären sich die Gedanken: Der Text beginnt zu sprechen, er wird lebendig, neue inhaltliche Schwerpunkte kommen in den Blick, Erkenntnisse formen sich in mir, es kommt zu einem Gespräch zwischen mir und dem Text.

7.8 Tanzchoreografie zu einem Gesangbuch-Psalmlied

In allen Kirchengesangbüchern gibt es eine Fülle von Psalmliedern, deren Melodien und Texte durch eine tänzerische Gestaltung vertraut und verständlich werden können.

Beispiel: *Nun jauchzt dem Herren alle Welt* (Psalm 100, ökumenische Fassung, EG 288)

Material: Melodie und Text des Liedes und des Psalm 100 auf Overhead-folie oder kopiert für alle, Tücher als Bewegungshilfe.

Der Originalpsalm 100,1–5 wird vorgelesen, eine kurze Aussprache über den Text kann sich anschließen. Der Liedtext wird ebenfalls gelesen und gesungen.

Zu jeder der sieben Strophen bildet sich eine Gruppe, deren Aufgabe es ist, eine tänzerische Ausdrucksgestaltung zum Text zu entwerfen. Es kann ein Kreistanz, ein Reihentanz, eine Polonäse oder ein Kleingruppentanz (2 – 4 Personen) sein. Die Gestaltungszeit ist etwa 5 Minuten.

Nacheinander stellen die Gruppen ihre Vorschläge vor (das Lied sollte auf Overheadfolie angeboten werden, damit die Hände frei sind):

- Alle gemeinsam singen die jeweilige Lied-Strophe,
- die Gruppe erklärt und führt ihre Gestaltung vor,
- alle übernehmen den Vorschlag und tanzen singend nach.

Durch das Tanzen und Nachtanzen prägen sich der Text und die Bedeu-tung des Liedes so stark ein, dass in der Regel nach kurzer Zeit kein Lied-blatt mehr nötig ist. Wenn Lieder auf Kassette oder CD vorhanden sind, entlastet dies beim Tanzen. Der Vorteil vom Selbstsingen jedoch ist, dass das Tempo variiert und angepasst werden kann.

7.9 Einen Psalm durch Sprechen, Tönen und Bewegen gestalten

Eines der Hauptinstrumente unserer Persönlichkeit ist unsere Stimme. Dies wird uns meist erst dann bewusst, wenn wir heiser werden, wenn wir vor Aufregung „einen Kloß im Hals haben", wenn uns „die Luft weg-bleibt" oder wenn es uns „die Sprache verschlägt".

Andererseits erleben wir es als befreiend, wenn wir fließend sprechen können, wenn wir tief durchatmen können und die Worte aus dem Herzen kommen können.

Um die Stimme zur Ausdrucksgestaltung eines Psalms einsetzen zu kön-nen, sollten wir einige Körperübungen machen, um die drei wesentlichen Gestaltungs-Elemente Sprechen, Atmen und Herz bewusst wahrzuneh-men.

Übung „Sprechen":
- Wir reiben, klopfen, kneten das Gesicht, den Hals, den Nacken, die Wangenknochen, die Augenbrauen, die Stirn, die Ohren ...
- Mit der Zunge sensibilisieren wir den Mundraum (wir stellen uns eine Zitrone vor, damit der Speichel fließen kann).
- Wir schneiden lustige Grimassen, spannen alle Muskeln an, lockern sie wieder, pressen die Augen zusammen, rümpfen die Nase, verziehen den Mund ...

Übung „Atmen":
- Am offenen Fenster atmen wir tief aus und ein, strecken und räkeln uns, schütteln die Schultern aus, reiben unsere Rippen ...
- Wir atmen locker und leicht, achten bewusst auf das Ausatmen, der „Einatem" kommt von allein.

Übung „Tönen":
- Leise, fast stimmlos formen wir mit dem Mund eine Vokalstellung und geben wenig Ton dazu, wir spüren der Klang- und Empfindungsqualität der Vokale nach:
dumpf und tief: „uh", „unheimlich", „Urwald",
offen und weit: „ah", „Halle", „auf",
staunend und groß: „oh", „offen", „Gott",
scharf wie ein Messerstich: „ih", „Stich", „Gift",
breit und ausgespannt: „eh", „Elend", „echt".

Übung „Herz":
- Wir legen eine Hand auf unser Herz und eine Hand locker an den Hals und erspüren unseren Herzschlag. Wir atmen ruhig und hören in uns hinein. Der Motor unseres Lebens bewegt uns, was wir sind und tun beginnt im Herzen.

Um einen Psalm mit unserer Stimme zu gestalten, können wir folgende Möglichkeiten einsetzen. Jede einzelne Variante wird gemeinsam erprobt:
- Wichtige Worte werden wiederholt, auch mehrfach,
- die Lautstärke wird variiert, lautes oder leises Sprechen,
- das Sprechtempo wird verändert, schnell oder langsam,
- die Tonhöhe wird moduliert, hell, dumpf, klar, klangvoll ...,
- Pausen werden bewusst eingesetzt,
- die Stimme wird durch die Körperhaltung und Bewegung beeinflusst, ein Aufstehen an bestimmten Stellen, ein Emporschwingen der Arme oder ein akzentuierter Schritt verändern unsere Stimmqualität.

Wichtig ist, dass wir das, was wir sprechen wollen, zuvor denken und uns vor unserem inneren Auge vorstellen.

128

Beispiel: Psalm 8 oder Psalm 121 (nach Luther)
Material: vorgedruckter Psalmtext mit Raum für Notizen, Stifte
Gestaltungszeit: ca. 30–40 Minuten

Jeweils vier Personen bilden ein Gruppe.
Der ausgewählte Psalm wird bewusst tonlos miteinander im Chor gesprochen. Jede/r sagt, welche Textstelle sie/ihn besonders aufmerken ließ.
Der Text wird strukturiert, in Abschnitte aufgeteilt, wichtige Worte oder Sätze werden unterstrichen. Ein Thema wird benannt.

Miteinander werden Stimm-Modulationen erprobt, verändert und in Stichworten auf dem Textblatt als Gedankenstütze notiert. Der Psalm als Ganzes wird nach den ausgewählten Sprach-Gestaltungsmitteln gesprochen.

Die Vorstellung der Ergebnisse erfolgt unkommentiert im Plenum. Die expressive Klangdeutung wirkt sehr emotional und weckt bei den Zuhörenden Bilder und Erfahrungen, die sehr tief gehen können. Das Sprechen eines Psalms in dieser Form kann auch Teil eines Gottesdienstes sein.

7.10 Psalmen durch Meditation und Bewegung erfahren

In vielen Kulturkreisen werden unterschiedlichste Formen der Meditation geübt und praktiziert. Die hier vorgestellte Methode führt über das Texthören zu einer sehr persönlichen Verinnerlichung biblischer Aussagen, indem jede/r den ihr/ihm eigenen Text-Zugang selbst bestimmt. Über ein ausgewähltes Stichwort geschieht das Nachdenken, Vorstellen und schließlich die Umsetzung in Bewegung.

Die Grundlage für dieses meditierende Bewegen (Liegen, Sitzen, Stehen, Gehen) ist ein achtsames Hören auf den Text und ein körperliches Agieren aus Empfindung und Bewusstheit heraus. Dazu bedarf es einer Sensibilisierung der Körperwahrnehmung.

Körperübungen zur Sensibilisierung:
- Wir sitzen mit den Sitzknochen auf der Stuhlkante: Die eigene Körpermitte wird durch Massieren, Klopfen und Reiben auf Bauch und Rücken erwärmt. Wir kreisen mit ganz leichter Bewegung, so als ob eine Kugel an unserer Innenwand rollen würde. Wir achten auf ruhiges Atmen.
- Wir sitzen auf dem Boden: Mit den Händen massieren wir unsere Füße.

- Wir stehen auf: Deutlich spüren wir die Innen- und Außenkante unserer Fußsohlen. Der ganze Körper kreist sanft von den Füßen aufwärts. Wir wippen, drehen, stehen ruhig und spüren nach.
- Im Bodensitz mit eingeschlagenen Beinen (oder anders): Wir achten auf unser Ausatmen, der „Einatem" fließt von selbst zurück. Beim Ausatmen bewegen wir eine Hand weit nach außen, beim Einatmen führen wir sie zurück zur Körpermitte, dann die andere Hand. Mit dem Ausatmen weiten wir uns in den Raum hinein mit beiden Armen.
- Wir sitzen: Die Hände werden durch Reiben und Druckfühlung der Finger erwärmt und massiert.
- Wir stehen auf und denken uns einen kleinen Weg von fünf Schritten. Wir fixieren unseren „Zielpunkt". Dann gehen wir langsam dorthin, bleiben stehen, wenden uns um, fixieren den Ausgangspunkt und gehen langsam zurück.
- Wir lockern alle Muskeln, setzen uns und ruhen aus.

Beispiel: Psalm 104

Material: Einzelne Stichworte aus dem Psalm sind deutlich lesbar auf Karten geschrieben und liegen in der Mitte des Raumes, auf ihrer Rückseite befindet sich Vers 24 des Psalms.

Meditative (ruhig-barocke, klassische) Musik.

Anordnung: Teppichboden (wenn möglich), keine Stühle, viel Platz.
Zeit: ca. 15–20 Minuten

Stichworte:

fest gegründetes Erdreich – auf den Wolken fahren wie auf einem Wagen – Fittiche des Windes – Winde als Boten – Feuerflammen als Diener – Wein erfreut des Menschen Herz – Die Erde mit Fluten bedeckt wie mit einem Kleid – Licht ist dein Kleid – wie ein Teppich ausgebreiteter Himmel – Gemächer über dem Wasser – Saat geht auf, Brot aus der Erde – Öl macht das Gesicht des Menschen schön – Land voller Früchte – Vögel des Himmels sitzen und singen in den Zweigen – der Mensch geht an seine Arbeit – Felsklüfte als Zuflucht – Bäume stehen voll Saft – Wasser quellen in den Tälern zwischen den Bergen – wachsendes Gras für das Vieh – Tiere des Feldes löschen ihren Durst – große und kleine Tiere im Meer – In den Zedern des Libanon nisten die Vögel – Berge von oben befeuchtet – großes und weites Meer – die Sonne geht auf und unter zur rechten Zeit – hohe Berge als Zuflucht für den Steinbock – der Mond teilt das Jahr – Schiffe auf dem Meer

- Die/der Anleitende liest den Psalm 104 sehr langsam Satz für Satz: „ein Schöpfungspsalm".
- Die Stichworte werden langsam vorgelesen mit der Bitte, eines für sich persönlich auszuwählen.
- Jede/r wählt ein Stichwort aus: „Ich bin jetzt ..." (Identifikation).
- Jede/r sucht sich einen „Ausgangsort" im Raum (liegen, sitzen, stehen, auf einem Stuhl o. a.).

Der Ablauf der Schöpfungs-Meditation wird erklärt. Die/der Anleitende beginnt:

„Ein Lob des Schöpfers durch alles Geschaffene"

- Wir schließen unsere Augen.
- Die Musik spielt leise im Hintergrund. Solange die Musik spielt, ist Gelegenheit, das darzustellen, was jede/r für sich als Identifikation ausgewählt hat.
- Meine Gedanken, Vorstellungen und Empfindungen zu dem von mir gewählten Begriff sollen die Art meiner Bewegung bestimmen: Ich denke und fühle erst, dann setze ich in Bewegung um!
- Jede/r ist völlig frei in der Gestaltung, im Ruhen oder Gehen und in der Dauer und Intensität der Bewegung im Raum und wann sie/er damit beginnt oder aufhört.
- Am Ende legen wir uns ruhig auf den Boden (Teppichboden oder Wolldecken).

Ausklang:

„Wir stellen uns vor, dass wir auf einer Waldlichtung auf sonnendurchwärmtem Moos liegen. Wir spüren die Wärme durch und durch. In Gedanken gehen wir noch einmal den ganzen Weg unserer Identifikation und spüren nach, was er in uns bewegt oder angerührt hat. Dankbar hüten wir das Geschenk dieser Erfahrung in uns. Jetzt kehren wir zurück, hierher nach ... (Ort) und zu den Menschen, die hier im Raum sind. Wir öffnen unsere Augen und schauen uns an: Hallo, da bin ich wieder!"

Der Psalm 104 wird vorgelesen, nach jedem Abschnitt sprechen wir gemeinsam Vers 24 auf der Rückseite unserer Stichwort-Karte.

Es kann sich eine Austauschrunde anschließen über wohltuende oder schwierige Empfindungen und Erfahrungen während der Meditation. Es ist wichtig, dass das Rückkehren in die alltägliche Gegenwart in heiterer und entspannter Art angeleitet wird.

7.11 Ein Psalmwort blitzschnell gestalten

Nicht immer haben wir Raum und Zeit, größere Gestaltungselemente auszuprobieren und einzusetzen. Zur Eröffnung oder zum Schluss eines Zusammenseins lässt sich eine sehr einfache Methode einsetzen: „Das blitzschnelle Reih-um-Malen".

Material: Ein Farbstift (Wachsmalstift) für jede/n Teilnehmende/n, ein großer Bogen Papier (Packpapier, Plakatpapier), auf dem in der Mitte das Psalmwort steht, ein kurzes Musikstück auf MC oder CD (3–5 min).

Beispiel: *Gott, wie groß und vielfältig sind alle deine Werke!*
(Psalm 92,6)

Das Papier liegt in der Mitte auf einem Tisch. Die Teilnehmenden stehen um den Tisch herum mit Zugangsmöglichkeit zum Papierbogen.

Mit dem Einsetzen der Musik beginnt jede/r zu dem Psalmvers zu malen. Die/der Anleitende hält nach 20 sec die Musik an. Jede/r rückt einen Platz weiter. Mit der Musik beginnt jede/r an der Stelle weiterzumalen, wo sie/er gerade steht und was sie/er vorfindet. Das geschieht so lange, bis die Musik zu Ende ist.

Am Ende betrachten alle das gemeinsame Werk und lesen miteinander den Psalmvers laut vor.

Anlage 1: Kreatives Schreiben

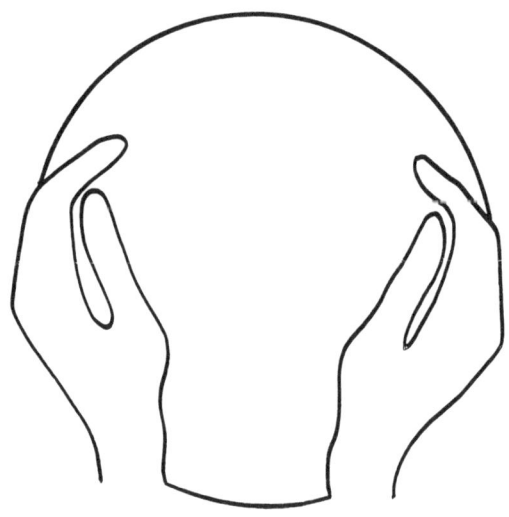

Anlage 2: Psalmen – thematisch geordnet

Vorschlag für Psalm-Ausschnitte, die sich für ein Morgengebet eignen:

Jeweils im Wechsel zu sprechen:

Psalm 3,5–6.9	Psalm 17,6.8.15
Psalm 5,4.8.12–13	Psalm 57,8–12

Vorschlag für Psalm-Ausschnitte, die sich für ein Abendgebet eignen:

Jeweils im Wechsel zu sprechen:

Psalm 4,4.5.7.9	Psalm 63,4–9
Psalm 16,2.7–9.11.5	Psalm 134

Psalmverse, in denen der Körper zum Ausdruck bringt, was das Herz, die Seele, das Gemüt sagen möchten:

Psalm

1,3	44,26+27	95,6
2,11	56,14	99,5
3,6	57,2	110,1
5,8	63,5	119,25
16,8	66,11+12	122,2+6
18,20	69,15+17	135,2
18,37	78,1	138,6
20,6+9	81,7+8	139,2
35,10	87,10	139,3
38,7.8.9	89,25	143,6
40,3	91,1+2	146,8
41,13	91,12	149,3

Psalmworte, in denen Bilder verwendet werden:

Psalm

1,3	Baum	27,1	Licht	51,10	fröhliche
3,4	Schild	27,5	Hütte, Zelt,		Gebeine
17,8	Augapfel,		Fels	52,10	Ölbaum
	Flügel	30,12	Reigen	56,9	Krug
18,3	Fels, Burg,	31,5	Netz	61,4	Turm
	Berg, Hort	32,7	Schirm	68,2+3	Rauch,Wachs
18,30	Mauer	34,8	Engel	68,7	Zuhause
19,11	Honig	36,10	Quelle	77,21	Herde
19,15	Herz	42,2	Hirsch	78,14	Feuer
23,1	Hirte	50,2	Glanz	90,5+6	Gras

91,1	Schirm	104,14+15	Brot	127,1	Haus
91,2	Burg	107,14	Stricke	134,10	Bahn
97,1	Insel	116,13	Kelch	139,9	Flügel der
97,5	Berge	119,18	Augen		Morgenröte
103,15	Blume, Gras	121,8	Ausgang	147,15	Laufen
104,2	Kleid		und		u.v.m.
104,13	Frucht		Eingang		

Herz-Worte:

Psalm

4,8	33,15	62,11
13,6	33,21	69,33
18,2	34,19	86,11
19,9	37,4	95,8
19,15	44,22	119,32
20,5	45,2	138,1
27,1+3	51,12	139,23
27,4	57,8	147,3
28,7	62,9	

Hände- und Füße-Psalmworte:

Füße:

Psalm

8,7−9	31,9	119,59
9,16	40,3	119,101
18,10	41,10	119,105
22,17	56,14	121,2+3
23,4	73,2+3	122,2
25,15	91,11+12	
26,12	116,8+9	

Hände:

Psalm

7,4+5	37,24	115,4−7
9,17	39,6	123,2
10,12	47,2	125,3
18,35	63,5	128.2
24,3+4	77,3	134,2
26,6	88,10	140,5
28,2	90,17	
31,16	104,28	

Psalmen, die sich für musikalische Bearbeitung eignen:

| Psalm 104,1–15 | Psalm 114 | Psalm 46 |

Psalmen zum Thema Weltkreis, Lebenskreis:

| Psalm 24,1 | Psalm 96, 10–13 | Psalm 98, 3b.7–9 |
| Psalm 93,1–2.3–5 | Psalm 97,1–6 | |

Psalmen für ein Psalmfest – vielfältige Bearbeitung:

| Psalm 8 | Psalm 116 | Psalm 148 |
| Psalm 113 | Psalm 139 | Psalm 150 |

Psalmen für Gestaltung mit Dia- oder Bild-Serien:

| Psalm 104 | Psalm 148 |

Psalmen als Auswahl für „mein liebstes Psalmwort":

Psalm

1,3	36,10	96,12
4,7b	37,5	102,12+13
9,17b	42,8b	103,2
11,16	42,12	103,15–17
16,6	50,2	104,1+2
16,11	50,15	104,30
17,2+3	51,9	107,14
17,8	51,12	107,16
18,5	52,10	107,35
18,17	55,8	118,24
18,29	55,23	119,5
19,2	56,9	121,2
25,15	56,12	126,5
26,8	57,10+11	139,5
27,5	60,4	139,9
30,6	73,23	142,8
30,12	78,14	145,15+16
31,9	86,11	147,4
34,9	90,1+2	150,6
35,5	90,17	
36,6	92,1	

Anlage 3: Kreative Methoden im Umgang mit biblischen Texten – Ein persönlicher Erfahrungsbericht

„Psalmen erleben und gestalten", so stand es im Einladungsschreiben zur ersten kreativen Tagung in einem Freizeithaus in Südbaden, das wir zu zweit im Frühjahr 1988 leiten wollten. Wir hatten uns vorgenommen, ein völlig neues Konzept zu erproben, bei dem nicht wir die allgegenwärtigen Alleingestalterinnen und die Gäste die Zuhörenden wären, sondern eine Gemeinschaft der Miteinander-Erlebenden und -Gestaltenden entstehen würde. Das Reden über und Zuhören auf biblische Wahrheiten allein schien uns zu kurz zu greifen und persönliche Betroffenheit, wenn überhaupt, dann nur im intellektuellen Bereich zuzulassen. Wir hatten die „Vision", dass es möglich sein sollte, Situationen zu schaffen, in denen jede/r Einzelne für sich persönlich wahrnehmen kann, was für sie/ihn von Bedeutung ist.

Das von uns angepeilte Alter der Teilnehmenden hatten wir mit „zwischen 20 und 50 Jahren" angegeben. Tatsächlich lag das Durchschnittsalter bei 60 Jahren. Drei reizende alte Damen zwischen 83 und 85 Jahren verbrachten gerade ihre Ferien im Haus und wollten – zu ihrer und unserer Überraschung – gern teilnehmen. Der Ehrlichkeit halber muss ich zugeben, dass wir recht verunsichert waren, ob das, was wir geplant hatten, mit dieser Gruppe durchführbar sein würde; denn bereits bei der Begrüßungs- und Vorstellungsrunde äußerten sich viele sehr ängstlich, vorsichtig und nicht gerade begeistert, dass wir ihnen nicht Vorträge und Referate halten würden, sondern eigenes gestalterisches Tun anregen wollten. Einige Gäste hatten offensichtlich starke psychische Nöte und erwarteten eher therapeutische Begleitung. Es kam uns vor wie das Ende vor dem Anfang, was wir uns aber nicht anmerken ließen.

Die Wochenplanung sah vor, *dass* die Vormittage und Abende für die thematischen Einheiten, eingeleitet durch gemeinsames Singen, bestimmt waren, die Nachmittage aber zur Erholung und Freizeit zur freien Verfügung standen. Vor dem Frühstück gab es eine 10-Minuten-Andacht und zum Tagesschluss ein Psalm Abendgebet im Kapellenraum, der mit einem Sitzkreis und vielen Kerzen in der Mitte geschmückt war. Das sollte sich als Problem erweisen, da eine ältere Teilnehmerin gleich bei der ersten Zusammenkunft geradewegs mitten durch die Kerzen lief – sie hatte gegenüber einen freien Platz entdeckt – und alle brennenden Teelichter tropfend über den Teppichboden rollten; so war unsere Pausenbeschäftigung für diese Tage gesichert: bügeln, bürsten, reiben, mit Pulver bestreuen, wieder bürsten, bügeln usw., um den Boden einigermaßen in seinen ursprünglichen Zustand zu versetzen. Noch Jahre später konnten wir die Spuren dieses ersten Experiments sehen....

„Die Psalmen – Gebete Israels und der Kirche" beschäftigten uns zunächst in fünf Arbeitsgruppen über den Gebrauch des Psalters, die Sprache und den Aufbau, den Inhalt und die Themen, das Singen von Psalmen, Hinweise auf Christus und das Vorkommen der Psalmen im Neuen Testament. Alle beteiligten sich an der Gruppenarbeit, studierten und informierten sich gründlich und trugen ihre Ergebnisse mit großem Engagement zusammen. Das förderte ein schnelles Zusammenwachsen der Teilnehmenden.

Am zweiten Abend wagten wir den Sprung in die neuen Methoden: „Bilder, die in Psalmen vorkommen, als Partnerpantomime gestalten". Es war erstaunlich zu sehen, wie ohne Zögern Ideen entwickelt wurden, diese Bilder zu zweit durch Gesten und Bewegungen ohne Worte darzustellen. Die Gruppe sollte jeweils das Psalmwort erraten, was viel Heiterkeit auslöste. Ich saß neben einer über 80-jährigen Dame und wir hatten gezogen: „Du bist mein Schirm, du wirst mich vor Angst behüten". Sofort steuerte sie auf den Schirmständer zu, zog einen riesigen Herrenschirm heraus und meinte: „Du gehst jetzt einfach hinter mir her!", dann spannte sie den Schirm auf, hielt ihn wie bei starkem Gegenwind vor sich, und gemeinsam marschierten wir durch den Raum. Nie werde ich dieses Wort vergessen und welch tiefen Eindruck das auf mich gemacht hat. In einer zweiten Runde reduzierten wir die Bewegungen und stellten „eingefrorene Standbilder" dar; auch das gelang gut und machte allen viel Freude. Das war eine Ermutigung für die nächsten Tage.

„Unser Lebenskreis in den Psalmen" sollte die Brücke sein zu dem, was jede/r mitbrachte. Nach einer thematischen und gestalterischen Einführung zu Psalm 97 konnte auf großen Packpapierkreisen mit Pinsel und Farbe der eigene Lebenskreis gestaltet werden. Leise Trompetenmusik im Hintergrund erleichterte die Konzentration. Über einen Overheadprojektor war der Psalm während der ganzen Zeit auf der Leinwand lesbar, solange bis eine Teilnehmerin über das Kabel stolperte und alles umwarf: Heilige Gelassenheit! Ohne viel Aufsehen zu erregen, reparierten wir mit Klebeband aus dem allgegenwärtigen Notfall-Material- und Werkzeugkoffer notdürftig ein abgebrochenes Teil, die Birne war noch heil und kaum jemand wurde durch das Malheur gestört.

Ergreifend war der sich anschließende Austausch zu den Bildern, bei dem die Einzelnen sehr persönliche Erfahrungen, Gottesbegegnungen und „Glaubensbekenntnisse" weitergaben. Dabei beeindruckten die Älteren, weil sie zu sehr schlichten „Gemälden" konzentrierte Lebenserfahrungen weitergaben, die für alle ermutigend waren.

Am Abend ging es wieder um bewegtes Erleben mit Hand und Fuß zu Hand- und Fuß-Psalmworten. Das Darstellen endete oft in übersprudelnder Fröhlichkeit und zeigte viele humorvolle Aspekte. Die Scheu vor kreativem Tun war völlig verschwunden.

Mit unterschiedlichen Methoden konnte an einem der nächsten Tage „mein liebstes Psalmwort" gestaltet werden. Die vorgestellten Angebote reichten von Schreiben, Malen, Dias gestalten und musikalisch-lautmalerischem Interpretieren bis zu expressivem Tanz.
In der Austauschrunde war die Atmosphäre geprägt von liebevoller Akzeptanz und gegenseitiger Annahme, sodass jede/r ohne Hemmung sehr dicht und teilweise auch bewegend sich über das gewählte Medium ausdrücken konnte. Es gab keinerlei bewertende Kommentare, weil jede/r spürte, dass diese Einblicke in das eigene Herz ganz diskret und achtsam aufgenommen werden müssen.

An einem weiteren Abend hatten wir uns ein alt-ehrwürdiges Psalmlied aus dem Gesangbuch ausgesucht, das strophenweise in Gruppen in Bewegung umgesetzt wurde. Die Heiterkeit, welche die Abendeinheiten prägte, wirkte sich sehr positiv auf die ganze Gruppe aus und erzeugte bereits tagsüber eine fröhliche Erwartungshaltung.

Für den Abschluss der Tagung hatten wir uns ein Psalmfest zu Psalm 113 überlegt. Wieder waren es zwei über 80-Jährige, die sich für die Pantomimengruppe meldeten, andere schrieben eine Textparaphrase, eine Gruppe stellte aus einer Diathek eine Bildserie zusammen, und einige übten eine freie Vertonung mit Geräuschen und Klängen ein. Aus dem Fest wurde ein Gottesdienst mit Abschieds-Segen, in den uns die Teilnehmenden spontan und sehr kreativ einbezogen.
Beim Abschied meinte die älteste Teilnehmerin: „Nun musste ich so alt werden, bevor ich endlich einmal Spaß an der Bibel haben konnte!"

Für uns Verantwortliche hatte dieses erste kreative Experiment gezeigt, dass es in jeder Altersgruppe gelingen kann, Menschen zum gestaltenden Tun zu ermutigen und dadurch einen sehr viel persönlicheren Weg des Hörens und Erlebens von biblischen Texten zu eröffnen, weil jede/r ganz bei sich und ihrer/seiner eigenen Bedürftigkeit und Deutung bleiben konnte.

Im Mittelpunkt der kreativen Bibel-Erschließung steht nicht die allgemein gültige Lehre für alle, sondern der aktuelle und individuelle Zugang zu Aussagen, die zum jetzigen Zeitpunkt für mich tröstlich, ermutigend, wegweisend oder herausfordernd sind. Das entlastet uns Anleitende, weil wir zwar das Arrangement bereitstellen, aber nicht darüber entscheiden oder forcieren, was für die Einzelnen wann wichtig und richtig ist. Es verlangt von uns große Achtsamkeit, wann und wo Hilfestellungen erwünscht sind, und zugleich die Zuversicht, *dass* Gott selbst zu jedem Menschen zur richtigen Zeit so spricht, dass sie/er es für sich deuten und begreifen kann.

Wir hatten auch den Eindruck, dass das entspannte, fröhliche Gestalten in einem Rahmen ohne Leistungsdruck und -Erwartung gerade den psychisch Belasteten sehr wohl getan hat.

So wurde aus der anfänglichen Skepsis eine hoffnungsvolle Ermutigung für begehbare Wege und Angebote, die nun seit über zehn Jahren von Menschen aller Altersgruppen, Einzelnen und Familien erprobt werden.

8. DAS VATERUNSER-GEBET

Einleitung: Das Vaterunser ist im Neuen Testament in zwei Versionen überliefert, in Matthäus 6,9–13 und in Lukas 11,2–4. Es gibt deutliche Unterschiede in Rahmen, Umfang und Wortlaut. Bei Matthäus ist es in die Bergpredigt eingebettet, bei Lukas gehört es zu einer Reihe von Worten Jesu über das Gebet. Aus dem unterschiedlichen Wortlaut kann abgeleitet werden, dass Jesus dieses Gebet nicht als feste liturgische Formel gegeben hat, sondern eher als eine Anleitung und Einübung in das Gespräch mit Gott.

Als die Jünger Jesus baten, sie beten zu lehren, schenkte er ihnen ein Gebet, in dem sich die ganze Tiefe seiner vertrauensvollen Beziehung zum Vater spiegelt. So kann das Vaterunser mehr sein als ein liturgisches Ritual. Der Theologe Carlo Carretto sagte einmal: „Unser Vater! Das ist die Quintessenz der ganzen Offenbarung, das Wort, das die Bibel zusammenfasst, der Inbegriff der ‚Guten Botschaft‘, das Ende aller Angst."
Die vorgestellten Zugangs- und Gestaltungswege wollen Hilfe sein, um der Fülle dieses Gebetes auf die Spur zu kommen und einen persönlichen Zugang und eine Vertiefung eigener geistlicher Erfahrung anzuregen.

Wenn wir das Vaterunser einmal gestaltet und entfaltet erlebt haben, werden wir es nie wieder gedankenlos beten können, da sich diese Erfahrungen tief in uns eingegraben haben und die Worte immer neu beleben und aktualisieren.

8.1 Vater unser – Händebilder

Der Vater-Gott, der zugleich und zutiefst auch die mütterliche Dimension in sich birgt, sprengt alle unsere irdisch-natürlichen und subjektiven Vatererfahrungen. Das ist gut und notwendig, weil viele neben liebevollen und stärkenden, ermutigenden und hilfreichen Vatererlebnissen auch leidvolle und schmerzliche, enttäuschende und verletzende gemacht haben, da in allen menschlichen Vätern immer nur schwache Abbilder oder Vorbilder für das Vatersein Gottes erkennbar werden.

Bereits im Alten Testament zeigt sich Gott als *„ein Vater der Waisen und ein Helfer der Witwen"* (Psalm 68,6 L) und als Israels Vater (Jeremia 31,9 und Jesaja 64,7). Jesus offenbart den allmächtigen Gott als den „Unser Vater". Im Matthäus-Evangelium nennt er Gott 42 Mal Vater und im Johannes-Evangelium 109 Mal. Immer wenn Jesus betete, nannte er ihn Vater. Das Gleichnis vom Vater (in Lukas 15,11 ff.) ist das Spiegelbild des väterlichen Herzens Gottes.

Wenn wir uns Gott als dem Vater zuwenden und ihn als Vater anrufen, begegnet er uns
- in seiner liebevollen Autorität,
- in Treue und zuverlässiger Versorgung,
- in beschenkender Großzügigkeit,
- in uneingeschränkter Zuneigung und Wertschätzung,
- in seiner allseitigen Präsenz, besonders in Notsituationen,
- in seiner vorbehaltlosen Akzeptanz meiner Person
- und in seiner Bereitschaft zu Kommunikation und Führung.

(frei nach Floyd Mc Clung)

<u>Material:</u> Auswahl verschiedener Hände-Zeichnungen (Beispiele auf S. 162) in DIN-A3-Vergrößerung, Stifte, Wachsmalstifte.

<u>Zeit:</u> ca. 30 Minuten

Wir überlegen, welche der oben genannten sieben Eigenschaften Gottes als „unser Vater" für uns bedeutsam sind. Dazu notieren wir Stichworte und Beispiele aus unserer eigenen Lebensgeschichte, in denen wir Gottes Wesen erkennen können. Wenn unsere Vorstellung stark von negativen menschlichen Vater-Erfahrungen geprägt ist, wählen wir Eigenschaften, die verdeutlichen, dass Gottes Vatersein diese Defizite ausfüllen kann.

Aus der Sammlung verschiedener Hände-Zeichnungen wählt jede/r eine aus. Sie kann durch einen Kreis, der mein Leben symbolisiert, ergänzt werden. In die Zeichnung schreiben, malen oder zeichnen wir Bilder, Symbole, Begriffe und Lied- oder Bibelverse, mit denen die eine Wesensart Gottes zum Ausdruck gebracht wird, die jede/r für sich gewählt hat.

Nach der Gestaltungszeit können wir einander unsere Gedanken und Empfindungen mitteilen.

<u>Hinweis:</u> Immer wieder kommt es vor, dass durch das Gestalten und Nachdenken über die positiven Eigenschaften Gottes als Vater tiefere, lang verschüttete oder verborgene Schichten unserer Empfindungen und unseres Gemütes an die Oberfläche kommen. Verletzungen oder Zurückweisung, Missbrauch oder autoritäre Unterdrückung haben Spuren hinterlassen,

die nun sichtbar werden. Das kann für die Betroffenen sehr erschütternd und aufwühlend sein und ist für die Teilnehmenden einer Gruppe eine Herausforderung zum wortlosen, verstehenden Dasein, das auf gut gemeinte Ratschläge verzichtet, aber sich nicht von Leidenden distanziert. Anleitende sollten aufmerksam sein und wenn nötig nach dem Austausch in der Gruppe mit respektvoller Zuwendung und Bereitschaft zum Zuhören einen Raum zum Einzelgespräch schaffen, in dem Tränen oder Zorn aufgefangen werden. Oftmals kann auch ein seelsorgerliches Gespräch und Gebet angeboten werden.

Ein gemeinsames Lied unterstreicht die Souveränität und Liebe Gottes und kann so die Einzelerfahrungen und Gefühle zusammenführen und zur Ruhe bringen:

T. u. M.: I. F. Eckard

Ich bin ge-trost, weil die Hän-de des Herrn, mei-nes Got-tes, ü-ber mir sind. Und die Hand uns-res Got-tes ist zum Bes-ten, ja, die Hand uns-res Got-tes ist zum Bes-ten ü-ber al-len, die ihn su-chen:

8.2 Dein Name werde geheiligt – Wandlexikon

Bei den Juden wird der Eigenname Gottes „Jahwe" so ehrfurchtsvoll und als nicht von Menschen verfügbar und unantastbar behandelt, dass er zwar mit den konsonantischen Schriftzeichen J-H-W-H geschrieben wird, aber nicht ausgesprochen, sondern als „adonai" – „Herr" gelesen wird. In der lateinischen Septuaginta wird darum an Stelle von Jahwe „Herr" übersetzt und zur Kenntlichmachung die Schreibweise „Herr" verwendet.

Jeder Name ist Spiegel des Lebens des Menschen, der ihn trägt. So können wir nicht „Alexander" hören, ohne an Alexander den Großen zu denken. Bei „Hildegard" erinnern wir uns an Hildegard von Bingen. Der Name „Theresa" ist verbunden mit Bildern von Mutter Teresa in Kalkutta usw. So haben wir immer ein Leben vor Augen, wenn wir den Namen einer Person aussprechen, die wir kennen.

Für viele ist es wichtig, was ihr Name bedeutet und welchen Sinn er hat. Andere begleitet eine Namenspatronin oder ein Heiliger, und sie denken an ihrem Namenstag besonders über ihre Berufung und Herausforderung, dieses Vorbild nicht aus den Augen zu verlieren, nach.

Über den Namen Gottes können wir nachdenken, wenn wir uns die verschiedenen Aspekte seines Wesens ansehen, die in seinem Handeln und Sich-den-Menschen-Offenbaren sichtbar werden. Am deutlichsten hat er sich selbst in Jesus Christus zu erkennen gegeben. Alle Namen, die Menschen Gott zusprechen, drücken Glaubenserfahrungen aus, die sich dann in diesem Namen verdichten. Wer erlebt hat, dass sich Gott helfend und eingreifend in Not zugeneigt hat, nennt ihn dann „Erbarmer" oder „Helfer" oder „Zuflucht". Wer erschrickt vor dem Anreden und dem Anspruch Gottes, sagt vielleicht „Heiliger" oder „König". Wer sich an Gott mit Bitte um Hilfe wendet, ruft „Vater", „Fürsprecher" oder „Allmächtiger".

Aus der Fülle der Namen Gottes, wie sie in der Bibel zu finden sind, können wir diejenigen auswählen, die in unsere Lebenssituation passen und unserer persönlichen Ausdrucksweise entsprechen. Wir können auch eigene Namensbezeichnungen prägen, in denen sich unsere Glaubenserfahrungen wiederfinden, z.B.:

Gott, du bist mein Umarmer.
Gott, du bist mein Hoffnungsgrundwasser.
Gott, du bist Wurzelgrund und Lebenshalt für mich.
Gott, mein Liebesmantel.

Unserer Fantasie sind keine Grenzen gesetzt, wenn wir auf diese Weise aussprechen, was uns Gott bedeutet, wer er für uns ist.

Material: Alphabetische Liste mit Gottesnamen (siehe Kapitel 6), Stifte.

Aus der Liste der Gottesnamen wählt sich jede/r die aus, die sie/ihn besonders ansprechen und schreibt sie jeweils einzeln oben auf ein weißes Blatt Papier. Zur Erleichterung können wegen der Fülle der Namensbezeichnungen die eigenen Anfangsbuchstaben von Vor- und Nachnamen als Auswahlkriterium herangezogen werden. Es können auch selbst formulierte Gottesnamen aufgeschrieben werden, s.o.

Zu jedem Namen schreiben wir nun eine Begriffserklärung, eine Umschreibung oder eine Erlebnisgeschichte, die diesen Namen verdeutlicht und den persönlichen Bezug zu unserer Lebensgeschichte aktualisiert.
Die einzelnen Namensblätter der Gruppe werden alphabetisch sortiert und an der Wand als Wandlexikon aufgehängt. Jede/r hat Gelegenheit, die Texte in Ruhe zu lesen. Jede/r entscheidet sich danach für einen Gottesnamen und liest ihn und die Beschreibung vor. Wer möchte, kann persönliche Eindrücke dazu ergänzen. Ein Lied sammelt die vielfältigen Empfindungen und bündelt sie wie ein Gebet:

T. u. M.: I. F. Eckard

Die zweite Bitte des Vaterunsers wird von Jesus durch drei bekannte Gleichnisse erläutert, die das Werden und Wachsen des Reiches Gottes verdeutlichen (Matthäus 13). Andere Gleichnisse umschreiben eher das Wesen des Reiches Gottes, doch diese drei zeigen etwas von seinem Wachstumsgeheimnis und es liegt eine starke Ermutigung darin, den unscheinbaren Anfängen, den kleinen Kräften und dem verborgenen Wirken zu vertrauen.

Das Gleichnis vom Sämann, der den Weizen sät, der trotz des dazwischen befindlichen Unkrauts bis zur Ernte wächst und ausreift: Das Reich Gottes breitet sich trotz widriger Bedingungen aus und lässt sich nicht ersticken, es ist und bleibt ein „Dennoch-Reich".

Das Gleichnis vom winzigsten Samen, dem Senfkorn, das ein weit verzweigter, Schatten spendender Baum und Nistplatz für Vögel wird: Das Reich Gottes beginnt unscheinbar und verborgen und wächst zu unerwarteter Größe.

Das Gleichnis von der kleinen Menge Sauerteig, die unter das Mehl gemischt wird und den ganzen Teig durchsäuert: Das Reich Gottes hat verändernde Kraft.

Die Ausbreitung des Reiches Gottes können wir beschreiben als:

„Kleines wird groß und Weniges wirkt viel!"

Das steht allen vordergründig-subjektiven Erfahrungen diametral entgegen und zeigt die nötige Blickrichtung: Nicht Selbstbewusstsein der eigenen Fähigkeiten ist gefordert, sondern Gottesbewusstsein und dadurch Stärke und Gelassenheit im Selbst-Sein – trotz und gerade in Begrenztheit und scheinbarer Unzulänglichkeit, weil mit Gott zu rechnen ist.

Andere Bilder für dieses Prinzip können sein:
- ein Feuerfunke im Stroh
- Hefe im Teig
- Salz in der Suppe
- Licht im Dunkel
- ein Stein, der im Wasser Kreise zieht
- u.v.m.

Material: Liedblätter „Kleines Senfkorn Hoffnung", Tücher, Wachsmalstifte, weiße DIN-A 3-Papiere, Orff-Instrumente, schriftliche Anleitungen.

Zeit: ca. 60 Minuten

Die Umsetzung der Gleichnisse und des Liedes durch verschiedene kreative Angebote bietet die Möglichkeit, den Grundgedanken je nach persönlichem Zugang und Neigung zu entfalten und in der Zusammenschau der Ergebnisse zu bekräftigen und verstärken.

Die Teilnehmenden teilen sich in vier Gruppen: Textbearbeitung, Pantomime, musikalische Umsetzung und Farbgestaltung.
Die drei Gleichnisse werden in jeder Gruppe gelesen. Jede/r kann dazu Kommentare und Assoziationen äußern.

Die Anleitungen für die Gruppen liegen schriftlich vor:
Textbearbeitung: *„Kleines wird groß und Weniges wirkt viel!"*
  Wählt euch eines der drei Gleichnisse aus.
  Beschreibt es mit eigenen Worten in unserer Sprache von heute.
  Oder: Dichtet zu dem Lied *„Kleines Senfkorn"* weitere Strophen,
  z.B. *„Kleiner Tropfen Liebe ..., Kleines Senfkorn Treue ..., ..."*

Pantomime: *„Kleines wird groß und Weniges wirkt viel!"*
  Wählt eines der drei Gleichnisse oder das Lied bzw. einzelne Strophen aus. Übertragt es in eine Situation aus eurem Leben.
  Stellt es pantomimisch dar. Ihr könnt Tücher und andere Materialien dazu verwenden.

Musikalische Umsetzung: *„Kleines wird groß und Weniges wirkt viel!"*
  Wählt eines der drei Gleichnisse oder das Lied bzw. einzelne Strophen aus. Stellt es mit Tönen, Geräuschen, Klängen, euren Stimmen, Händen und Füßen dar (z.B. wie das Reich Gottes aus kleinen Anfängen unaufhaltsam wächst).

Farbgestaltung: *„Kleines wird groß und Weniges wirkt viel!"*
  Wählt eines der drei Gleichnisse oder das Lied bzw. einzelne Strophen aus. Gestaltet das Thema mit Farben und Bewegungen, Linien oder Flächen, gegenständlich oder abstrakt.

Nach der Gestaltungszeit in den Gruppen werden die einzelnen Ergebnisse miteinander zusammengestellt: Die Bilder bilden den Hintergrund oder Rahmen, die Texte stimmen auf das Thema ein, Musik und Pantomime deuten auf ihre Weise.

Wir tauschen danach in Gesprächsrunden im Kreis aus:
  • Was hat uns am stärksten beeindruckt?
  • Was möchten wir festhalten und für uns bewahren?
  • Was wurde uns in dieser Gestaltungszeit von oder über Gottes Handeln klar?
  • oder: ...?

Dabei beginnt eine/r, sagt einen oder zwei Sätze, dann die/der Nachbar/in usw. bis jede/r zu einer Frage etwas sagen konnte. Wer keinen Beitrag geben möchte, gibt durch ein Handzeichen an die/den Nächste/n weiter.

Bearbeitung: I. F. Eckard
T.: Alois Albrecht, M.: Ludger Edelkötter
aus: Weil du mich so magst (IMP 1036)
© Impulse Musikverlag Ludger Edelkötter, Drensteinfurt

2. *Kleiner Funke Hoffnung, mir umsonst geschenkt:*
   Werde ich dich nähren, dass du überspringst,
   dass du wirst zur Flamme, die uns leuchten kann,
   Feuer schlägt in allen, allen, die im Finstern sind.

3. *Kleine Münze Hoffnung, mir umsonst geschenkt:*
   Werde ich dich teilen, dass du Zinsen trägst,
   dass du wirst zur Gabe, die uns leben lässt,
   Reichtum selbst für alle, alle, die in Armut sind.

8.4 Dein Wille geschehe – Bittgebetsfeier

In der dritten Bitte des Vaterunsers fordert uns Jesus auf, den Willen und die Pläne und Absichten Gottes wichtiger zu nehmen als unsere direkten eigenen Belange. Er selbst hat es in Getsemani ausgesprochen: *„Nicht mein, sondern dein Wille geschehe!"* (Lukas 22,42), oder in der Beschreibung seiner Sendung: *„Ich bin nicht gekommen, um meinen eigenen Willen zu tun, sondern den Willen dessen, der mich gesandt hat"* (Johannes 4,34).

Der Heilswille des liebenden Gottes äußert sich in seinen Weisungen und bezieht sich

- auf das Leben der/des Einzelnen,
- auf das Leben meiner Mitmenschen,
- auf das Land, in dem wir leben,
- auf die Welt,
- auf alle Kreatur und die Natur,
- auf die Kirche und das ganze Gottesvolk.

Bei der Gestaltung dieser Bitte geht es darum, dem nachzuspüren, was Gott für uns sein möchte, was er tun will und womit er beschenkt. Sein Wille äußert sich nicht in Verboten und Gesetzlichkeiten, nicht in Moral und Vorschriften, sondern in der „Thora", das bedeutet in der „Weisung", die zum Gelingen des Lebens dient.

In der Mitte sind zwei rote Tücher zu einem Kreuz übereinander gelegt, im Schnittpunkt liegt/steht eine Weltkugel oder ein Bild von der Erde.

<u>Material:</u> Sieben Arbeitsblätter mit Bibeltexten, Stifte, Papier, acht große Ausrufungszeichen (DIN A3), die paarweise um die Weltkugel gelegt eine Blüte ergeben (s.u.); in einem Ausrufungszeichen steht: „Dein Wille geschehe!".

<u>Zeit:</u> ca. 30 Minuten

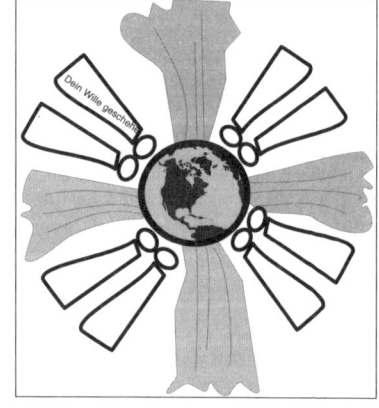

Es werden sieben Gruppen gebildet. Jede Gruppe erhält Papier und Stifte, ein Arbeitsblatt und ein Ausrufungszeichen. Die Auswahl der Themen zu Aspekten des Willens Gottes ist variabel, dies ist nur ein Vorschlag:

Gruppe 1:   Thema: Gott will, dass wir frei sind, Jesus zu folgen.
Lukas 5,27+28: *Als Jesus von dort wegging, sah er einen Zöllner namens Levi am Zoll sitzen und sagte zu ihm: Folge mir nach! Da stand Levi auf, verließ alles und folgte ihm.*
Galater 5,13: *Ihr seid zur Freiheit berufen!*

Gruppe 2:   Thema: Gott will uns mit Lebensfülle beschenken.
Johannes 10,10: *Ich bin gekommen, damit sie das Leben haben und es in Fülle haben.*
Johannes 1,16: *Aus seiner Fülle haben wir alle genommen ...*

Gruppe 3:   Thema: Gott will Lasten abnehmen und Erleichterung schaffen.
Matthäus 11,28–29: *Kommt alle zu mir, die ihr euch plagt und schwere Lasten zu tragen habt. Ich werde euch Ruhe verschaffen. Nehmt mein Joch auf euch und lernt von mir; denn ich bin gütig und von Herzen demütig; so werdet ihr Ruhe finden für eure Seele.*

Gruppe 4:   Thema: Gott will vergeben und erlösen.
Epheser 1,7: *Durch sein Blut haben wir die Erlösung, die Vergebung der Sünden nach dem Reichtum seiner Gnade.*
1. Timotheus 2,6: *... Christus Jesus, der sich als Lösegeld hingegeben hat für alle.*

Gruppe 5:   Gott will, dass wir zu ihm und der Gemeinschaft des Gottesvolkes gehören.
1. Petrus 2,9: *Ihr aber seid ein auserwähltes Geschlecht, eine königliche Priesterschaft, ein heiliger Stamm, ein Volk, das sein besonderes Eigentum wurde, damit ihr die großen Taten dessen verkündet, der euch aus der Finsternis in sein wunderbares Licht gerufen hat.*

Gruppe 6:   Thema: Gott will Priorität in unserem Leben sein.
Kolosser 1,18: *Er ist das Haupt des Leibes, der Leib aber ist die Kirche. Er ist der Ursprung, der Erstgeborene der Toten; so hat er in allem den Vorrang.*
2. Korinther 6,16: *Wir sind doch der Tempel des lebendigen Gottes; denn Gott hat gesprochen: Ich will unter ihnen wohnen und mit ihnen gehen. Ich werde ihr Gott sein und sie werden mein Volk sein.*

Gruppe 7:   Thema: Gott will, dass wir in unsere Umgebung hineinwirken und ihn bekannt machen.

Matthäus 28,19 f: *Geht zu allen Völkern und macht alle Menschen zu meinen Jüngern; tauft sie auf den Namen des Vaters und des Sohnes und des Heiligen Geistes …*

Lukas 12,8: *Ich sage euch: Wer sich vor den Menschen zu mir bekennt, zu dem wird sich auch der Menschensohn vor den Engeln Gottes bekennen.*

Johannes 17,18: *Wie du mich in die Welt gesandt hast, so habe auch ich sie in die Welt gesandt.*

Die biblischen Texte werden miteinander gelesen, besprochen und in eine pantomimische Darstellung zur zentralen Aussage umgesetzt.

Die Kernaussage wird auf das Ausrufezeichen geschrieben. Die Gruppe formuliert einen Bittgebets-Satz zu ihrem Thema.

Alle Teilnehmenden kommen wieder in der Runde zusammen.
Jede Gruppe
- legt ihr Ausrufezeichen an die Weltkugel,
- liest den Kernsatz vor,
- zeigt die pantomimische Auslegung
- und liest den Gebetstext vor.

Alle antworten jeweils mit dem Liedruf: *„Wir bitten dich, oh Herr!“*

mündlich überliefert
Bearbeitung: I. F. Eckard

8.5 Unser tägliches Brot gib uns heute – aus der Meditation zu Bildcollagen u. a.

Durch die folgende meditative Einstimmung soll ein Verstehen dessen, was in dieser Bitte ausgesprochen ist, vorbereitet werden. Die/der Anleitende liest die Betrachtung langsam vor und lässt Zeit zum Nachdenken.

Mit sechs Worten formuliert Jesus die Lebensbitte. Die Symbolzahl 6 weist auf die menschliche Mühe und Arbeit *„im Schweiß deines Angesichtes sollst du dein Brot essen"* (Genesis 3,19) und *„ sechs Tage darfst du schaffen und jede Arbeit tun"* (Exodus 20,9): Brot ist Arbeit, ist Leben. Die Zahl 6 ist auch Hinweis auf die Unruhe und Rastlosigkeit des menschlichen Daseins und allen menschlichen Tuns, das auf Vollendung des Unvollkommenen durch Gott und auf Sabbatruhe hin geschaffen ist. So wird die Vaterunserbitte zu einem Gebet des Menschen, der wesenhaft Pilger ist und lebenslang ein Bedürftiger bleibt, ein Hungriger und Durstiger nach Schutz, Bergung, Versorgung, Heimat und Ziel.

Pilger
Weiteausschreitende Zielweiser
Himmelüberspannte Heimaterde überall
Frei willentlich ledig allenthalben
Rufgetreue

„Unser tägliches Brot gib uns heute" ist die Wüstenerfahrung des zum versprochenen Land wandernden Gottesvolkes nach der Befreiung aus der ägyptischen Sklaverei: Gott gibt das Manna immer frisch für einen Tag. Das Horten und Anhäufen bleibt untersagt.

Wüstenweg
Vom Freiheitsfanal erreicht
Wüstenweg
Heimwärts unterwegs
Umgürtet zur Einfalt
Wüstenweg
Sand zwischen den Zehen
Sonnenglut rundum
Das Ziel hinter dem Horizont
Wüstenweg
Auch diesen Tag
Als die Ausgezogenen
Immer noch davoneilend
Ohne Rück-Sicht
Wüstenweg
Mühsam stolpernd
Dennoch weitergehend
nach vorne sehend
Schritt für Schritt suchend
Weitergerufen

Wüstenweg
Heute eine Quelle
Morgen ein Fels
Dann und wann Schattenhain
Manchmal ein Ruheort
Immer ein Zelt
Ewig deine Wohnung unter uns
Wüstenweg   (Sukkot 5749)

Pilger leben in der Bereitschaft der leeren Hände, im Wagnis des Verzichtes, in der Erwartung des Beschenktwerdens.

Arm bleiben
*   nichts festhalten wollen,*
*   nicht Freude, noch Sonne,*
*   nicht Trotz, noch Ärger,*
*   nicht Erfahrungen, noch Wissen.*
*   Arm bleiben – Kind werden.*
Arm bleiben
*   alles als Geschenk empfangen,*
*   Fülle des Lebens in Liebe und Last,*
*   in Lust und Leiden.*
*   Arm bleiben – schlicht werden.*
Arm bleiben
*   Kräfte nicht angstvoll horten,*
*   den Blick nach oben weiten,*
*   verschwenderisch geben; denn*
*   Neues kommt zur Zeit.*
*   Arm bleiben – beschenkt werden.*
Arm bleiben
*   den Weg mitgehen,*
*   ohne Tasche und Schuhe,*
*   als Versorgter und Freund,*
*   nicht als Herrschaftsmächtiger,*
*   Alleswissender, Selbstbestimmender.*
*   Arm bleiben – hörend werden.*
Arm bleiben
*   Glück einer führenden Hand erleben,*
*   eines gefüllten Korbes Freude,*
*   eines liebenden Blickes jederzeit –*
*   gute Zeit.*
*   Arm bleiben – froh werden.*

Arm bleiben
Seiner Macht trauen,
auf Gewalt verzichten;
Seine Ehre mehren,
Selbsterhöhung meiden;
Seinen Reichtum kennen,
sich von angehäuftem Sichtbaren lösen.
Arm bleiben – frei werden.

Wir aber sind reich geworden. Wir haben unsere Position gefestigt. Es war schwer genug. Jede Entgrenzung schmerzte auch. Nur nicht mehr Kind sein, endlich als erwachsen gelten. Nach und nach wurden die Schritte fester, mit jedem Gelingen und jeder Anerkennung sicherer. Unser Panzer wuchs unmerklich mit. Wir lernten, mehr zu scheinen als zu sein, stärker ins Horn zu blasen, als unser Mut reichte, lauter zu reden, als uns lieb war. Wir haben gelernt zu sammeln: Gründe, Redensarten, Ausreden, Vorsichten und Rücksichten, Meinungen und Standpunkte. Und wir haben gelernt unseren Reichtum abzusichern, fest zu verankern und zinsbringend anzulegen. Um welchen Preis?

Eine Welt der reißenden Wölfe birgt keinen Raum für die Schwäche der Lämmer!

Dennoch: *„Unser tägliches Brot gib uns heute!“* Wenn wir anfangen, mit Christus zu beten, treten wir in die Gemeinschaft der Menschen hinein, die Gott als ihren Vater anrufen um Brot zum Leben. Ich rufe mit den vielen anderen Rufenden und empfange für mich und die anderen. Hunger wird gemeinsam gestillt, Frieden miteinander eingeübt, Liebe im Opfer bewährt, Verzeihung durch die anderen erfahren.
Also: *„Unser tägliches Brot gib uns heute“*: Leben, Liebe, Luft und Wasser, Ruhe und Kraft für den Körper, eine Lilie für die Seele, Weitblick für den Geist, Lebens-Mittel. *„Ich“*, sagt Jesus, *„bin das Brot des Lebens“* (Johannes 6,35).

In der Gestaltungszeit kann jede/r das, was sie/ihn beschäftigt, mit kreativem Material oder durch Körperdarstellung sichtbar machen.

Material: Einfarbige Teppichfliesen (40×40 cm), bunte Woll- und Filzreste. Auswahl von Kalenderbildern, Tageszeitungen, Zeitschriften, Scheren, Klebstoff, Tonpapiere (50×70 cm). Verschiedene bunte Tücher. Anleitungen für die Gruppen.

Zeit: ca. 60 Minuten

Die Teilnehmenden wählen zwischen drei Angeboten:
- Gruppe 1: Plastisches Gestalten mit Textilmaterial auf Teppichfliesen,
- Gruppe 2: Bild-Textcollage,
- Gruppe 3: Pantomimisches Spiel

Anleitung für Gruppe 1:

Gestaltet einzeln oder miteinander mit Wolle, Filzresten oder anderem textilen oder Naturmaterial Bilder, die das vertrauensvolle Bitten um das täglich Notwendige ausdrücken.

Zum Beispiel: Haltungen der Hände / Bitten und Empfangen / Gott, der Gebende – wir, die Beschenkten / Empfangen und Weitergeben o.a.

Anleitung für Gruppe 2:

Gestaltet einzeln oder miteinander eine Collage aus Bildern und Texten, Wortfetzen, Überschriften, Stichworten u.a., die zeigen, um was wir bitten, was wir empfangen, wer gibt, wer weitergibt usw.

Anleitung für Gruppe 3:

Entwickelt gemeinsam zwei Szenen, die in überspitzter Form zwei unterschiedliche Haltungen zeigen:
a) An-Sich-Raffen, Horten, Sorgen, Absichern,
b) Als Bittende empfangen, beschenkt werden, haben, um zu geben.

In den Gruppen tauschen wir uns zunächst darüber aus, an welchen Stellen der Meditation wir angesprochen waren und was wir gestalten möchten.

Es ist gut, sich Zeit zu lassen für diesen Klärungsprozess, ein paar Stichworte zu notieren oder sich an einen stillen Ort zum Nachdenken zurückzuziehen.

Nach der Gestaltungszeit werden die Bilder (mit oder ohne Kommentar durch diejenigen, die sie hergestellt haben) aufgehängt und die szenischen Darstellungen vorgeführt.

8.6 Und vergib uns unsere Schuld, wie auch wir vergeben ... – Gemeinsame Dia-Meditation

Die Erfahrung von Vergebung, Verzeihung und dem Geschenk eines neuen Anfangs ist von existenzieller Bedeutung für jede Form von gemeinsamem Leben und wirkt der wachsenden Beziehungslosigkeit oder Beziehungsstörung entgegen. Es gilt Formen zu finden, die es uns ermöglichen, Vergangenes loszulassen und mit Zuversicht neue Wege und Möglichkeiten anzugehen.

Die Einwilligung in die eigene Bedürftigkeit nach Vergebung für persönliche Versäumnisse, Verfehlungen und Unzulänglichkeiten und das Erfahren des Zuspruchs *„Dir ist alles vergeben"* ist die Voraussetzung für das Gewähren von Verzeihung gegenüber anderen.

Oft sind es Bilder, die etwas sichtbar machen von dem, was mit Angenommensein, Geliebtwerden oder Verzeihung schenken gemeint ist. Mit ausgewählten Dias oder Farbfolien können Aspekte dieser bedeutsamen Erfahrungen veranschaulicht werden. Hoffnung wird geweckt und Vertrauen in Gottes Zusagen gestärkt. Dies kann Einstimmung für eine Zeichenhandlung (z.B. Fußwaschung) sein.

Ablauf: Ein Dia wird projiziert. 30 Sekunden stilles Betrachten. Jede/r kann Gedanken, Assoziationen und Empfindungen aussprechen. Der Text wird langsam vorgelesen. Dann folgt das nächste Dia.

Material: Sieben ausgewählte Dias (Beschreibung s.u.), Diaprojektor, Meditative Musik (Leichte Barock-Flöten oder Panflötenmusik)

Zeit: ca. 30 Minuten

Beschreibung der Bilder und begleitenden Texte:

Bild 1: „Mondnacht". Am dunkelblauen Himmel leuchtet der Vollmond. Wolkenfetzen werden vom blassen Licht angestrahlt.
Text: „Die Nacht leuchtet, sie ist aufgebrochen, erhellt vom Licht. Licht ist stärker als die Finsternis."

Bild 2: „Spinnennetz". Vor einem dunklen Waldhintergrund hängt ein zerrissenes Spinnennetz, das von der Morgensonne angestrahlt wird. Tautropfen glänzen im Licht.
Text: „Netze reißen, Gefangene werden frei. Freude folgt auf die Tränen der Nacht."

Bild 3: „Felsenblüten". In einer Felsspalte wächst zaghaft etwas Grün. Kleine Blüten strecken sich dem Licht entgegen.
Text: „Aufblühen, dem Licht entgegenwachsen, dennoch. Das Leben sprengt den härtesten Felsen."

Bild 4: „Waschung". In einem indischen Fluss wäscht ein Vater seinen Sohn durch Übergießen mit Wasser aus der hohlen Hand.
Text: „Aller Staub ist abgewaschen, der Schmutz versinkt, Reinwerden ist möglich, jeden Tag, jeden Augenblick, jetzt."

Bild 5: „Lichttür". Aus dem dunklen Innern eines Hauses fällt der Blick in einen sonnendurchfluteten Hof. Das Licht malt Streifen auf den Boden des Hausflurs.

Text: „Es gibt Ausgänge ins Licht, Wege in die Freiheit, zum Leben, zu Luft und Weite. Verschlossene Türen gehen auf."

Bild 6: „Vaterliebe". Ein Vater hält sein Kind innig umarmt. Seine Geste schenkt Geborgenheit.

Text: „Wer möchte das nicht gern: Heimkehren in die Arme eines liebenden Vaters, das lösende Wort hören: ‚Deine Sünden sind dir vergeben, du bist mir lieb und wert!' und einfach wieder Kind sein?"

Bild 7: „Regenbogenflut". Über einem gewaltigen Wasserfall spannt sich durch Gischt und Wasserdunst ein Regenbogen.

Text: „Himmel und Erde vereinen sich beide, Schöpfer, wie kommst du uns Menschen so nah! Gottes Schalom gilt, macht ganzheitlich heil. Zu dir sagt er: ‚Ich will ein Neues mit dir wagen!' "

8.7 Dein ist das Reich und die Kraft und die Herrlichkeit – eine Vision verdichten

In diesem abschließenden Bekenntnis des Vaterunsers liegt die Begründung und das Fundament dafür, dass all das, was zuvor ausgesprochen wurde, auch gehört wird. Alle Bitten können wir vor den Gott bringen, denn der Wille dessen, der über allem und allen regiert, geschieht im Himmel und auf der Erde.

Dieser Schlussteil des Vaterunsers wird in Offenbarung 21,1–5 entfaltet:

Dann sah ich einen neuen Himmel und eine neue Erde; denn der erste Himmel und die erste Erde sind vergangen, auch das Meer ist nicht mehr. Ich sah die heilige Stadt, das neue Jerusalem, von Gott her aus dem Himmel herabkommen; sie war wie eine Braut, die sich für ihren Mann geschmückt hat. Da hörte ich eine laute Stimme vom Thron her rufen: Seht, die Wohnung Gottes unter den Menschen! Er wird in ihrer Mitte wohnen und sie werden sein Volk sein; und er, Gott, wird bei ihnen sein. Er wird alle Tränen von ihren Augen abwischen. Der Tod wird nicht mehr sein, keine Trauer, keine Klage, keine Mühsal. Denn was früher war, ist vergangen.
Er, der auf dem Thron saß, sprach: Siehe, ich mache alles neu.

Die Johannes-Schau zeichnet das Bild eines neuen Reiches, in dem all das, was uns hier schmerzt, bekümmert und belastet, abgelöst wird von der liebevollen und heilsamen Gegenwart Gottes, die alle Beziehungen neu definiert.

In der Vertonung einer orthodoxen Weihnachtsantiphon *„Der freundlich leuchtende Himmel über uns"* als sechsstimmiger Kanon wird dieses neue Reich in seiner Vielgestaltigkeit durch die Polyphonie gleichsam abgebildet.

Kanon   T. u. M.: I. F. Eckard

In der Gestaltungszeit wird *„der neue Himmel – die neue Erde"* durch die Kraft unserer Vorstellung, durch unseren Traum und Gottes Zusage vor Augen gemalt. Dies geschieht durch bildhafte, fantasievolle Wortschöpfungen in freier Lyrik.

Material: Bildkarte „Wiederherstellung" (Anlage) mit betrachtendem Text. Gestaltungsblätter mit dem Text aus Offenbarung 21 und dem Thema „Der neue Himmel – die neue Erde", Stifte.

Zeit: ca. 40 Minuten

Zur Einstimmung betrachten wir die Bildkarte, hören auf den Text und tauschen unsere Eindrücke dazu aus.

Gott wird abwischen alle Tränen von ihren Augen
und der Tod wird nicht mehr sein.
Offenbarung 21,4

Es kommt ein Tag nach allen Tagen,
da wird das Angesicht der Erde erneuert,
da wird deine Hand wie einst und je
bilden und schaffen und erneuern,
was zerbrochen, was verletzt
und was gequält.
Es kommt ein Tag nach allen Tagen,
da wird erstehen rein und klar
der Blick des Kindes,
da wird Ansehen und Begegnung wahr.
Es wird so sein wie am ersten Tag,
vor allen Tagen des Leides,
vor allen Stunden der Verletzung,
vor aller Zeit der Marter.
Es kommt ein Tag nach allen Tagen,
da wirst du allen Abbruch enden,
nur deine Hand umfängt und birgt.
Es kommt dein Tag und ist schon da,
wo du in uns in Liebe Raum gewinnst
und unser Leben Spiegel wird
und Ahnung wächst,
wie machtvoll heilend deine Hand.
Es kommt ein Tag!

Anleitung zur Gestaltung von bildhaften, fantasievollen Wortschöpfungen in freier Lyrik:
Durch die völlig freie Aneinanderreihung und Zusammensetzung von Worten oder Wortteilen können Klang- und Stimmungsbilder entstehen. Am Beispiel eines Liebesgedichtes wird dies deutlich:

Liebes
Mein Herzliebwundermädchen
Meine Freudensonne-Frühlingsbraut
Mein Alles-um-und-um-Verstehen
Bleib du in meiner Nähe
Dass Gartenfreude-Wachstumslicht erwacht
Und Pflanzenwonne-Wirk-und-Werk dir lacht
Es sei kein Kummerkinder-Nachtgewölk auf deiner Stirn
Kein Ohne-mich-vergeht-die-Welt-Gefühl in deinem Sinnen
Denn was ich schenke ist der Lebensleuchten-Wahrheitsfunke
Der glitzerfreundlich-strahleprächtig dich beglückt
Und dir die Tür zu fraglos-sinnvoll-wachsam-mündig Schreiten öffnet

An meiner Hand, der felsenstark-getreu-trostspendend Guten
Gehst du gesichertfroh und freigebunden-jauchzend hin
Du wildgezähmte Liebesleidenschaftlich-Werbende
dein offenaufgeschlagen-hintergründigheitrer Augenblick
weckt in mir Schöpferschaffensfreude neu.

In der freien Lyrik gelten keine grammatikalischen Regeln oder Vor-schriften. Jede/r schreibt sich das vom Herzen, was sie/ihn bewegt. So dichtete ein zehnjähriger Junge über einen Sonnenuntergang die Worte: *„Ein Himmel voller Rötlichkeiten, Bläulichkeiten!"* Darin offenbarte er seine Gefühle und seine tiefe Empfindungskraft. Es ist ein Spiel mit Wor-ten zu einem realen Traum vom Himmel hier.

Der Kanon wird noch einmal gemeinsam gesungen.

20 Minuten hat jede/r Zeit, ihr/sein Sprachbild zu entwerfen. Danach kommen wir zusammen und lesen einander die Texte langsam vor (eine Wiederholung ist hilfreich). Die Wirkung der Worte wird verstärkt, wenn wir beim Hören die Augen schließen und es zulassen, dass durch die Worte in uns Vorstellungen, Erinnerungen oder Hoffnungen geweckt werden.

Wir können Orte schaffen,
von denen der helle Schein der Liebe
in die Dunkelheit der Erde fällt.
F. v. Bodelschwingh

Orte wie Oasen,
mit einer Quelle frischen Wassers,
mit einem Bissen Brot,
mit einer feuerroten Blüte.
Orte des Teilens,
der Gemeinschaft der Empfangenden,
der Gleichheit der Bittenden,
der Kinder des Vaters.
Orte der Einheit,
die in der Vielfalt Glück erkennt,
die annimmt, ohne Bedingungen zu stellen:
Orte der Liebe.

In der Fülle der vorgelesenen „Träume" vom neuen Himmel werden in uns Bilder geweckt, die anschaulicher sind als jede Darstellung, weil es innere Bilder sind, die – wenn wir sie bewahren und festhalten – ver-ändernde, ermutigende und heilende Kraft in unserem Leben entwickeln können.

Anlage 1: Einige Begriffserläuterungen

Abba Das aramäische Wort Abba heißt wörtlich übersetzt so viel wie Papa oder Vati oder „lieber Vater". Es ist die vertraute Anrede des Kindes an seinen Vater. Jesus hat gewagt, diese Anrede gegenüber Gott zu gebrauchen. Die Anwendung dieser Kleinkind-Anrede des Vaters auf Gott ist ohne jede Parallele im Judentum: In ihr findet Jesu Gottesverhältnis und Vollmacht den schlichtesten Ausdruck.

Herrlichkeit Der Begriff bezeichnet im Blick auf Gott dessen Hoheit, Majestät und den überirdischen Lichtglanz, der von seiner Nähe ausgeht. Diese Herrlichkeit ist Wesensmerkmal des Reiches Gottes. Wo Gott selber erscheint und sich offenbart, da zeigt sich seine Größe, Macht und Liebe. Herrlichkeit ist die Ausstrahlung der Gegenwart Gottes.

Heiligen Das Adjektiv heilig bedeutet so viel wie gottgehörig, gottgeweiht, rein, unbefleckt. Etwas heiligen heißt etwas als heilig verehren. Der Heiligende ist stets Gott selbst. Durch die Heiligung werden Dinge und Menschen in den Dienst Gottes gestellt.

Himmel Das Substantiv Himmel gehört zu der Wurzel „kem" – „bedecken", „verhüllen". Der Himmel ist die dem menschlichen Zugriff entzogene Gotteswelt. Gott ist in der Welt, aber die Welt kann ihn nicht greifen, nicht begreifen.

Kraft Das griechische Wort wird übersetzt mit Vermögen, Möglichkeit, Stärke, Fähigkeit, Wunderkraft, Macht und Einfluss, gemeint ist die Vielfalt der göttlichen Krafterweise in seinem heilvollen Handeln.

Name Der Name ist ein (Hin-)Deutezeichen, ein Wegweiser. Der Name ist mehr als nur ein „Rufmittel". Gott offenbarte im Alten Testament seinen Namen Jahwe seinem Volk und offenbarte sich damit selber. So ist der Jahwe-Namen Vergegenwärtigung Gottes in seinem Volk und steht unter besonderem Schutz. Das hebräische Wort für „Sein" klingt ganz ähnlich wie „Jahwe". Das erläutert, was der Name bedeutet: „Der Sich-gleich-Bleibende" oder „der da ist und der da war und der da kommt" (Offenbarung 1,8). Martin Buber versteht die Offenbarung des Jahwe-Namens als Zeugnis dafür, dass der Herr nicht erst herbeigerufen werden muss, sondern mit seiner Macht und Hilfe jederzeit gegenwärtig ist; er übersetzt den Namen deshalb mit „Ich bin da".

Reich Gottes Synonyme sind „Königsherrschaft der Himmel" oder „Himmelreich". Es wird in Gleichnissen gedeutet (Mt 13; Mt 18,23; Mt 20,1; Mt 22,2; Mt 25,1). Gemeint ist zunächst Gottes unbeschränkte Herrschaft über die ganze Welt. Dann bedeutet es jene Gottesherrschaft, der man sich unterordnet und unter der man Gott willig und mit Freuden dient. Um das Kommen dieses Reiches, dieser Königsherrschaft Gottes, lehrt Jesus bitten. Dieses Reich ist immer ein gegenwärtiges und zukünftiges. Es ist nach Jesu Zeugnis eine allmählich werdende und wachsende, sich entfaltende Größe. Es ist in ihm angebrochen und doch noch etwas Zukünftiges. Jesus selbst ist der von Gott gesandte König dieses Reiches. Mit Jesu Opfertod, Auferstehung und Himmelfahrt sind die geistlichen Grundlagen geschaffen, sodass die alten Verheißungen vom Reich Gottes auf Erden und der Sendung Israels in Erfüllung gehen können. Seit Pfingsten umfasst das Reich Gottes die Gesamtheit aller derer, die an Christus glauben. In der Gemeinde, die Christi Leib ist, wird Gottes Königsherrschaft in dieser Welt vergegenwärtigt.

Schuld Schuld bezeichnet rechtlich eine nicht erfüllte Verpflichtung oder Verbindlichkeit. Die Heilige Schrift nennt den Zustand des Menschen, der sich im Widerspruch gegen Gott befindet, Sünde.

Sünde Im Hebräischen gibt es verschiedene Wortwurzeln, die folgende Bedeutung haben: 1. Eine Bewegung in der falschen Richtung bzw. die Verfehlung des richtigen Zieles, 2. Auflehnung, 3. Schuldhafter Ungehorsam, 4. Abirren vom richtigen Weg.

Wille Die deutschen Wörter „Wille" und „wollen" geben mehrere hebräische und griechische Begriffe wieder, die im Hebräischen nicht so sehr einen Entschluss, sondern ein Wirken und Handeln bezeichnen. Wille meint die bewegende Kraft des Herzens. Der Wille Gottes soll im Mittelpunkt des gesamten Lebens sein; denn alle Dinge sind zu ihm hin geschaffen. Er ist nach dem Neuen Testament immer Gottes Heilswille. Dieser Liebeswille Gottes trägt universalen Charakter.

Vater	Das Substantiv „Vater" kann abstammen vom Lallwort „pa" (Papa) oder von der Wurzel „po(i)", was „schützen" bedeutet.
Vergeben	Die Vorsilbe ver- bedeutet „fort" im Sinn von „weg": Was vergeben ist, das ist nicht mehr da. Die Grundbedeutungen der hebräischen Wörter für vergeben sind „aufheben", „wegnehmen", „verzeihen", „bedecken", „verhüllen" bzw. „abwischen". Im Griechischen ist das Wort ein juristischer Fachausdruck für „jemanden aus einem Rechtsverhältnis entlassen" und „jemandem aus Gnade etwas schenken".

Anlage 2: Hände-Zeichnungen

Anlage 3: Meditation zur Grafik „Hände" („Ja")

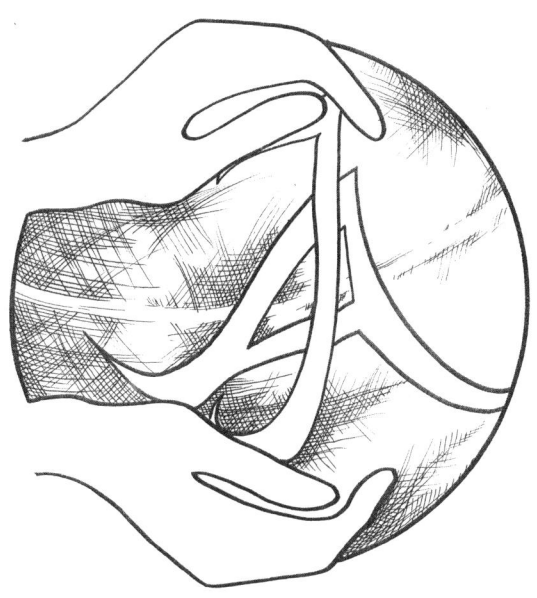

Zwei Hände.
Oben Schutz, unten Halt,
Höhen und Tiefen,
Dach und Fundament.
Dazwischen der Kreis.
Weltkreis, Lebenskreis.
In der Mitte das Ja.
Ja, wie Jesus,
Ja, wie jetzt.
Vom Anfang zum Ursprung.
Hell und Dunkel,
Licht und Nacht finden hinein.
Nichts war ohne dein Ja.
Nicht ist ohne dein Ja.
Nichts wird ohne dein Ja.
Ja heißt: Jeder Tag.
Tag heißt: Alles.
Dein Ansehen von Anbeginn.
Dein letztes Wort nach aller Zeit.

Die Bewegung meines und
unseres Lebens:
In deinen Händen.
Zarter Lichtfaden, Goldspur,
oft kaum zu sehen, und doch:
In allem.
Geborgenheit,
Hineingeborensein in dich.
Es wächst in der Zeit,
unerkannt-erkannt,
unbeachtet-geachtet,
ersehnt-erfüllt mein Ja.
Alles wird Ja werden.
Du weißt es schon,
da ich es kaum erahne.
Letztes Glück: Leben im Ja.
Die Blüte bleibt nicht,
wandelt sich:
Außenschönheit wird Innenkraft.

Frucht wird,
unmerklich wachsend.
Das Ja gehört auch dir,
Menschenbruder, Menschen-
schwester,
Mitkinder im Wohnhaus
der Liebe Gottes.
So unverweigert mir,
so uneingegrenzt dir.

Was Schutzmantel mir,
sei auch Bergung dir.
Alles ist Ja.
Du bist ein Gewollter,
eine Gewusste
und dennoch und darum Geliebte.
Christus,
der Preis deiner Liebe
bist du selbst.

GOTT WIRD ABWISCHEN ALLE TRÄNEN VON IHREN AUGEN, UND DER TOD WIRD NICHT MEHR SEIN. OFFB. 21,4

Wiederherstellung

9. TAUFE – WASSER DES LEBENS

Einleitung: Die Taufe gehört untrennbar zur Existenz eines Christen. In Matthäus 28,18–20 ist sie in den Sendungsbefehl Christi zur Missionierung der Völker eingeschlossen. Schon in der alten Kirche war sie verbunden mit einer deutlichen Trennung von früheren Lebensgewohnheiten durch Absage an alle Fremdbindung oder Fremdbestimmung und Hinwendung zu Christus als dem einzigen Herrn über Leben und Tod.

Die meisten Christen hierzulande wurden als Kinder getauft und haben kaum eine Beziehung zu dem, was ihnen in der Taufe zugesprochen wurde. Im Entschlüsseln der mit der Taufe verbundenen Zeichen kann eine Wiederentdeckung der persönlichen Tauferfahrung und eine Vergewisserung in christlichen Grundlagen gelingen. Es gilt, die Herausforderung zur Inszenierung aktueller Erfahrungen anzunehmen, in denen etwas von der Wirklichkeit göttlicher Annahme und Liebe zu uns Menschen aufleuchtet.

Die Grundelemente bei jedem Taufakt sind:
- der eigene Name als Inbegriff der Persönlichkeit, die durch Christus angenommen ist,
- das Wasser, das die Rettung durch Christus versinnbildlicht,
- das Licht, das auf die lebensfördernde Erkenntnis durch den Geist Gottes hinweist,
- das Taufkleid, das für die immerwährende Erneuerung des Lebens durch das Handeln Christi steht,
- und das zugesprochene Wort eines Taufverses.

Jedes dieser Elemente kann auf unterschiedliche Weise entdeckt und entfaltet werden, sodass darin die Chance zum Verständnis eines geistlichen Geheimnisses liegt.

Vor der Gestaltungsphase steht zur Einstimmung eine kurze theoretische Einführung in Symbolik und Bedeutung.
Die einzelnen Vorschläge können variiert und in abgewandelter Form Verwendung finden, je nachdem in welcher Altersgruppe das Thema behandelt wird. Sie eignen sich auch für eine Projektwoche oder Wochenendfreizeit, in der ein großzügiger Zeitrahmen vorhanden ist.

Die Ideen wurden mit mehreren Gruppen von Kindern, Jugendlichen und Erwachsenen erprobt und entwickelt.

Zur Erleichterung der Planung ist die benötigte Zeit und das vorzubereitende Material jeweils angegeben.

9.1 Mein Name

In der Taufe wird der Name des Menschen untrennbar mit dem Namen Gottes verbunden, indem er laut und deutlich von den Paten oder Eltern auf die Frage „Wie soll das Kind heißen?" ausgesprochen wird und der Taufende spricht: „Ich taufe dich, (z. B.) Michael, im Namen des Vaters und des Sohnes und des Heiligen Geistes."

Jeder Name ist also zunächst ein Geschenk; denn normalerweise gibt sich niemand seinen Namen selbst. Verbunden mit der Namengebung sind oft Wünsche und Vorstellungen, Vorbilder oder Familientraditionen, die das Kind damit in einen Segens- und Geborgenheitsraum stellen möchten.

Durch unseren Namen sind wir Originale, wir bleiben nicht anonym. Ich werde beim Namen gerufen und angesprochen, also bin ich bekannt. In Jesaja 43,1 wird dies durch Gottes Zusage bestätigt: *„Ich habe dich bei deinem Namen gerufen; du gehörst mir!"* Das Wesen dieses Zuspruchs liegt in dem grundsätzlichen und alles umschließenden Ja Gottes zu unserem Leben, das bereits vor unserer Geburt Gültigkeit hat wie Psalm 139,16 beschreibt: *„Deine Augen sahen mich, als ich noch nicht bereitet war."*

Wenn ich meinen Namen höre, weiß ich, dass ich gemeint bin. Ich kann mich als Person vorstellen und sagen: „Ich bin Michael". In der Bibel finden sich Berufungsgeschichten, bei denen Gott die Herausgerufenen deutlich und zum Teil mehrfach mit ihrem Namen anspricht (Exodus 3,4–6.13–14 die Berufung des Mose und 1. Samuel 3,1–10 die Berufung des Samuel).

Durch unseren Familiennamen wird deutlich, dass wir nicht allein leben, sondern zur Gemeinschaft einer Familie gehören, darin ist ein Teil der Geschichte unseres Lebens verwurzelt. Unsere seelische Gesundheit hängt mit davon ab, dass wir erleben: „Ich gehöre dazu. Wir gehören zusammen."

So gleicht das jedem Menschen in der Taufe zugesprochene Ja Gottes einem Bogen des Friedens, der alle Gaben und Grenzen, alles Werden und Wachsen einschließt und besiegelt.

9.1.1 Eingezeichnet in die Hände Gottes

<u>Material:</u> Liedruf, weißes Papier DIN A4, Stifte, Scheren, Wachsmal-stifte.

<u>Zeit:</u> ca. 30 Minuten

Der Liedruf „*Siehe, in meine Hände hab' ich dich gezeichnet, spricht der Herr*" wird eingeübt und mehrfach gesungen.

T. u. M.: Sven Schönheit
© 1985 Jugend mit einer Mission
© 1998 Hänssler Verlag, D-71087 Holzgerlingen

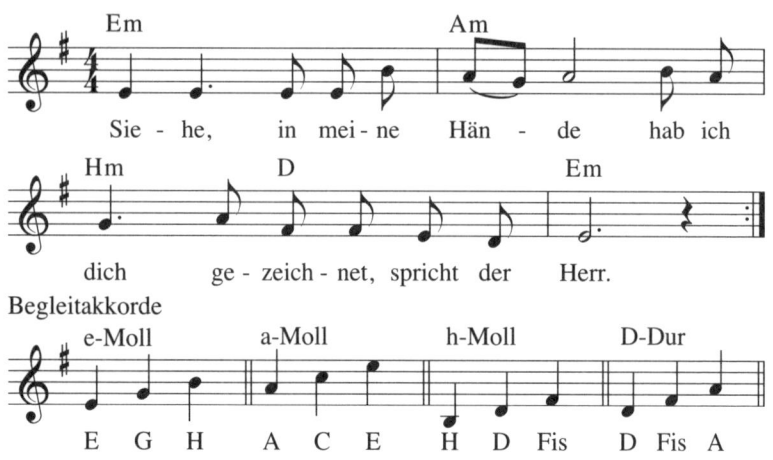

Begleitakkorde

<u>Händeübung:</u> Wir betrachten unsere Handinnenfläche, die Linien und Spuren, wir fahren sie nach, reiben unsere Handflächen, falten die Hände.

Wir stellen uns vor, dass Gott unsere Namen in seine Hände schreibt. Mit dem Zeigefinger schreiben wir unsere Namen langsam in unsere Hand. Dann lassen wir uns unseren Namen von einer Partnerin/einem Partner in die Hand schreiben und tauschen aus, was wir dabei empfinden.

Nun legen wir eine Hand auf ein weißes Papier, umfahren sie mit einem Stift und schneiden sie aus.

In die Hand schreiben wir jetzt unseren Namen (vielleicht mit verschiede-nen Farben, um die Komplexität unserer Existenz und die Schatten- und Lichtseiten auszudrücken) und eine Zusage Gottes (s.o.). Mit Farben können wir verstärken, dass unser Name in Gottes Hand steht. Dabei wird nicht vorgegeben, welche Farbe Gott zugeordnet wird, das bleibt ein ganz individuelles und subjektiv-emotionales Geschehen.

Mit den Partnern der Händeübung tauschen wir aus, was wir bei der Gestaltung gedacht oder empfunden haben.

Der Liedruf wird noch einmal wiederholt.

9.1.2 Namenskette mit Taufspruch

<u>Material:</u> Würfelperlen (1 cm Kantenlänge), ovale (2 cm lang) Perlen mit 8-mm-Bohrung, Kettenschnur, wasserfeste Filzstifte, schmale Papierstreifen (1,5×10 cm), Namenlexikon, Namenszusage-Blatt.

<u>Zeit:</u> ca. 30 Minuten

Jeden Buchstaben unseres Namens schreiben wir auf die vier Seitenflächen einer Würfelperle.

Auf den Papierstreifen schreiben wir – falls wir ihn kennen – unseren Taufspruch oder eine andere biblische Zusage und rollen ihn zusammen. Er wird in die ovale Perle geschoben.

Die Würfelperlen und die Taufspruchperle werden so aufgefädelt, dass die Spruchperle in der Mitte ist.

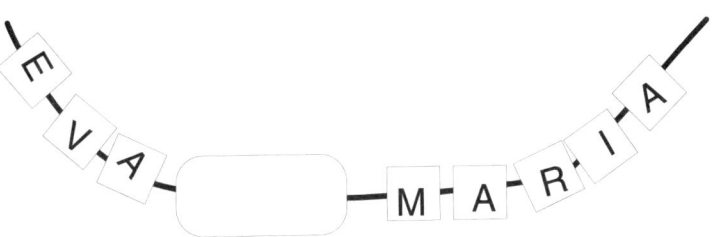

In einem Namenslexikon sucht jede/r die Bedeutung ihres/seines Namens und schreibt sie in ein vorbereitetes Zusage-Blatt. Eine eigene Deutung kann angefügt werden:

> In Gottes Augen bin ich ... Eva-Maria ...
> wertvoll und wichtig.
> ... Eva ... bedeutet „Leben" und
> ... Maria ... bedeutet „Bitterkeit".
> Gott will, dass mein Leben gelingt,
> auch wenn manches schwer oder bitter ist.

9.1.3 Mein Name – mein Leben – eine Kreuzwortgestaltung

Material: weiße DIN-A 4-Blätter, bunte Stifte

Zeit: ca. 10–15 Minuten

Jede/r schreibt ihren/seinen Namen mit großen Druckbuchstaben in die Mitte eines Blattes.

Wir denken darüber nach, was es für uns bedeutet, dass Gott sein Ja zu unserem Leben sagt, und notieren einige Stichworte. Diese schreiben wir nun kreuzwortartig von oben nach unten in und über unseren Namen: Wir verbinden die Zusagen Gottes mit unserem Namen.

```
                                    S
                                    C
                                    H
                                    A
                                    L
                          N         O
H A N S - J O A C H I M
    L     E     H   I
    L     G     E   L
    E     E         F
    S     N         E
```

9.1.4 Ich bin wertvoll in Gottes Augen

Erfahrungen der Unzulänglichkeit, der Kritik und des Versagens können einen Mangel an Selbstwertgefühl bewirken. Dieser menschlichen Sicht steht das Ansehen Gottes gegenüber, das geprägt ist von grundsätzlicher und unerschütterlicher, nicht zu enttäuschender Liebe.

Das gilt es immer wieder zu vergewissern und zu bestätigen.

Material: Weißes Papier DIN A4, Stifte, Sammlung von biblischen Ausdrücken der Wertschätzung (Anhang), Liedblatt.

Zeit: ca. 30 Minuten

Wir singen ein Lied, in dem zum Ausdruck kommt, wie geachtet und geschätzt wir bei Gott sind. Der Kanon wird eingeübt und in zwei Gruppen gesungen: Gruppe 1 singt den ersten Teil (zwei Liedzeilen) als Zuspruch zur Gruppe 2 hin. Dann singt Gruppe 2 den zweiten Teil wie eine Antwort zu Gruppe 1 hin. Beide Teile können auch als Kanon gleichzeitig gesungen werden.

T.: Jesaja
M.: CT-Schwestern, Hergersdorf

Siehe, in meine Hände habe ich dich gezeichnet.

Jede/r schreibt ihren/seinen Namen mit großen Druckbuchstaben an den oberen Rand des Blattes.

Jede/r sucht sich zu den einzelnen Buchstaben aus der alphabetischen Liste der biblischen Zusagen die für sie/ihn passenden aus und schreibt sie wie bei einem Kamm von oben nach unten.

Die bedeutsamste Aussage kann auch besonders dick oder farbig geschrieben werden

In einer Austauschrunde kann jede/r mitteilen, was für sie/ihn besonders wichtig ist.

E	L	I	S	A	B	E	T	H
I	I	M	C	N	A	R	Ü	E
G	L	M	H	G	U	L	C	I
E	I	E	Ö	E	M	Ö	H	L
N	E	R	N	S	A	S	T	I
T	O	E	M	T	I	G		
U	H	H	W	G				
M	N	E	A					
G	E	N	S					
O	M	S						
T	A	E						
T	N	R						
E	G							
S	E							
	L							

171

9.1.5 Namen-Leuchte

Keine/r ist als Christ/in allein. Jede/r gehört zur Gemeinschaft der Glaubenden und ist in ihrer/seiner Art ein Teil dieses vielfältigen Gebildes Kirche. Wie bei einem Mosaik hat jedes Teil eine ganz eigene, unverwechselbare Bedeutung und Aufgabe. Dies immer wieder deutlich zu machen, gehört zur Taufkatechese. In einer speziellen Tauf-Leuchte sollen alle Namen Platz finden und von innen her durchstrahlt werden zum Zeichen für das göttliche Lebenslicht, das von innen her durch uns hindurchscheinen möchte.

Material: Für die Leuchte (alle Materialien aus dem Baumarkt): biegsames Plexiglas (Stärke 3–4 mm) 60×96 cm, runde Holzplatte für den Boden (oder Rohspan) mit einem Durchmesser von 30 cm (Stärke 10 mm), Kartonstreifen für die obere Randverstärkung 94×3 cm, Leim, 1 Nagel.
Auf Klarsichtfolie vorgeschriebene Namen in flächigen Druckbuchstaben, Fensterfarben (alternativ: Namen auf weißem Papier, Filzstifte, Salatöl), Scheren, Klebstoff, Klebeband, Kerze, Textblatt.

Zeit: ca. 30–40 Minuten

Anleitung zur Herstellung des Leuchtenrohlings:
Das Plexiglas wird zu einer Röhre (Durchmesser 30 cm) gebogen und mit einem Tacker mehrfach fixiert. Der Holzboden wird eingeleimt. Am oberen Rand wird von außen der Kartonstreifen zur Verstärkung aufgeklebt. Als Halterung für die Kerze kann in der Mitte von außen nach innen ein Nagel durch den Boden geschlagen werden.

Jede/r erhält ihren/seinen Namensschriftzug zur farbigen Gestaltung. Auf Klarsichtfolie wird mit Fensterfarben gemalt. Bei Verwendung von Papier eignen sich Filzstifte; der fertige Schriftzug wird zur besseren Transparenz von hinten mit Salatöl bestrichen.

Jede Farbe hat ihre eigene Bedeutung (sie kann auch gemeinsam bestimmt werden):
- Rot steht für Liebe und Gemeinschaft,
- Blau für Wahrheit, Wissen, Lernen und Gottes Segen,
- Grün für alles, was wächst und sich entfaltet,
- Gelb für Lebensenergie und Kraft,
- Orange für Freude und Begeisterung,
- Lila oder Violett für Schmerz und Leiden,
- Schwarz für Angst, Zerstörendes, Schweres,
- Braun für Grund und Boden und alles, was mich trägt.

Die Namensstreifen werden rund um die Leuchte mit Klebestreifen befestigt. Zum Schluss stellen wir eine Kerze in die Mitte der Leuchte und zünden sie an.

Nacheinander nehmen wir das Textblatt, lesen die Aussage und setzen den Namen der Person neben uns ein, dann reichen wir es weiter:

> Gott sagt zu dir:
> Du bist wertvoll für mich, ... Nadine ...,
> ich habe dich lieb!
> ... Nadine ..., du gehörst dazu!

Diese Leuchte verbindet die beiden Symbole „Namen" und „Licht".

9.2 Das Wasser

Einleitung: Wasser ist Leben. Diese Erkenntnis lehrt die Natur ebenso wie die Bibel. Wasser kann aber auch Bedrohung, Gefährdung und Vernichtung sein. In den Rettungsgeschichten der Bibel spielt das Wasser eine große Rolle.

Die Arche Noah wird zum Archetyp für die Taufe, weil in ihr acht Menschen durch die vernichtenden Fluten der Sintflut hindurch gerettet wurden (1. Petrus 3,18–22). Unzählige andere sind in diesen Fluten ertrunken.

Der Durchzug des Volkes Israel durch das Rote Meer (oder Schilfmeer), das zu beiden Seiten wie Mauern aufgerichtet steht, bis das ganze Volk am rettenden anderen Ufer ist, bezeugt das Heilshandeln Gottes, der den ganzen Weg seines Volkes begleitet. Doch die feindlichen Verfolger kommen in den zusammenstürzenden Wassermengen um.

Beide Aspekte haben ihre Bedeutung in der Taufe mit Wasser. Der Täufling wird untergetaucht zur Erinnerung daran, dass das alte Leben der Sünde und Trennung von Gott zugrunde gehen muss. Und er wird „aus der Taufe gehoben" zum Zeichen, dass Gott will, dass er lebt und ihm in Christus alles Lebensnotwendige zueignet.

9.2.1 Wie Noah gerettet

Neben dem Symbol Wasser kommt in der Noah-Erzählung (Genesis 6–9) der Arche eine besondere Bedeutung zu. Sie wird zum rettenden und bergenden Schutzort und ist damit ein Gleichnis für das „Holz des Lebens", das Kreuz.

Das dritte Symbol, entstanden aus Wasser und Licht, ist der Regenbogen, die Zusage des Neuanfangs und das Gottesversprechen der bleibenden Gnade. Die göttliche Schöpfungsordnung der Jahreszeiten, des Wechsels von Tag und Nacht und damit die Lebensgrundlage soll nicht mehr zerstört werden.

In der folgenden, neutestamentlichen Übertragung und Gestaltung wird etwas von der lebenserhaltenden Kraft der Taufe sichtbar.

Material: Ein großes Holzkreuz (Querbalken 1 m, Längsbalken 2 m) oder Kreuz aus Ästen, Wellen aus blauem Tonpapier, Zuspruch-Karten, Stifte, Krepp-Papierstreifen (5×300 cm) in den Regenbogenfarben (Rot–Orange–Gelb–Grün–Blau–Violett), Krepp-Klebestreifen (Tapezier-Abdeckband), Textband (30×60 cm), weiße Papierwolken.

Zeit: ca. 60 Minuten

In der Mitte des Raumes liegt das Holzkreuz, auf dem verdeckt Zuspruch-Karten für alle Teilnehmenden liegen.

Mit dir ... will ich meinen Bund aufrichten!
Solange die Erde steht, soll nicht aufhören Saat und Ernte,
Frost und Hitze, Sommer und Winter, Tag und Nacht.

Um das Kreuz liegen viele Wellen aus blauem Tonpapier.

Die Noahgeschichte wird frei erzählt mit dem Schwerpunkt auf der Rettungsabsicht Gottes und dem gehorsamen Handeln Noahs, das ihn und seine Familie in den Fluten bewahrt. Die Wellen sind Sinnbilder für alles, was unser Leben bedroht, was uns Angst macht, Sorgen oder Kummer bereitet.

Jede/r beschriftet „die Wellen" für sich und legt sie verdeckt wieder um das Kreuz.

Doch Jesus Christus ist wie eine bergende Arche für alle, die sich an ihn wenden, darum liegt das Kreuz mitten in den Fluten.
Gemeinsam sprechen wir das Bekenntnis aus Psalm 34,5:

*„Als ich den Herrn suchte, antwortete er mir
und errettete mich aus all meiner Furcht."*

174

Zur Bestätigung zerpflücken wir „unsere Wellen" in kleine Papierschnitzel. Die Liebe Gottes, seine Kraft und Allmacht besiegen, was unser Leben zerstören und beschädigen will.

Jede/r nimmt sich vom Kreuz eine Zuspruchkarte und setzt ihren/seinen Namen ein:
> Mit dir ... will ich meinen Bund aufrichten!
> Solange die Erde steht, soll nicht aufhören Saat und
> Ernte, Frost und Hitze, Sommer und Winter, Tag und Nacht.

Als sichtbares Zeichen dieses Friedensbundes gestalten wir einen großen Regenbogen, der an der Wand befestigt wird:
Die Krepp-Papierstreifen werden in der Reihenfolge der Regenbogenfarben nebeneinander gelegt und von hinten mit Krepp-Klebeband fixiert. Der Bogen entsteht durch leichtes Dehnen der Bänder an der Außenkante.

Für die Mitte unter dem Bogen gestalten wir ein Textband mit der Aussage:
> Gut, dass du da bist!

Jede/r steuert ein Symbol, ein Bild oder ein Stichwort bei, das sie/er auf eine Papierwolke zeichnet, malt oder schreibt, in dem die eigene Freude über Gottes Dasein zum Ausdruck kommt.

Alle Wolken werden um das Textband geklebt. (Anstelle von Wolken können auch stilisierte Friedenstauben beschriftet werden.)

9.2.2 Durch das Wasser hindurch – eine Musikpantomime

Die zweite große Rettungsgeschichte, als Mose das Volk Israel auf Gottes Befehl hin aus der Versklavung in Ägypten herausführt (Exodus 14+15), hat einen sehr dramatischen Charakter:
Das Volk steht vor dem Schilfmeer. Hinter ihnen die Ägypter, vor ihnen das Wasser. Mose schlägt das Wasser mit seinem Stab. Es teilt sich. Das Volk zieht trockenen Fußes hindurch. Die Verfolger sind ihnen dicht auf den Fersen. Mose schlägt noch einmal auf das Wasser. Die Wogen stürzen zusammen und alle Feinde ertrinken.

In dieser Urerfahrung lebt das Wissen um die allseitige Bedrohtheit menschlichen Lebens und zugleich die tröstliche Gewissheit, dass Gott Mittel und Wege hat, die zu ihm Gehörenden zu führen und zu retten.

In zwei Gruppen wird dieses Geschehen durch Pantomime und Musik aktualisiert.

Material: Gruppe 1: Tücher, Holzstäbe/Äste (als Wanderstäbe).
Gruppe 2: Orff-Instrumente, Geräusche-Erzeuger jeder Art.

Zeit: ca. 30–40 Minuten

Die Geschichte wird frei erzählt oder in Ausschnitten vorgelesen. Zwei Gruppen werden gebildet, eine für die Gestaltung durch Pantomime, die andere für die Umsetzung in Geräusche, Klänge und Musik.

Jede Gruppe hat 15 Minuten Zeit, die Hauptelemente der Geschichte zu gestalten:
• Wanderung,
• Ankunft am Wasser – Angst – keine Aussicht auf Rettung,
• Gottes helfendes Handeln durch Mose,
• Durchzug,
• Lobgesang über die Rettung.

Die Pantomimen gestalten entweder kurze Szenen oder einzelne feststehende Bilder, in denen jede/r eine Position einnimmt.

Die Musik-Gruppe setzt die Empfindungen und Erfahrungen des Volkes in Klangbilder um, z.B.:
• Wanderung durch Trommeln, Handpauken, Schrittgeräusche,
• Wasser durch Glissandi auf Xylophonen oder mit Becken,
• Verfolger durch Schellentrommeln, Holzblocktrommeln, Pferdegetrappel,
• Gottes Handeln durch Mose mit klaren Tonsignalen auf Melodieinstrumenten,
• Durchzug durch Trommeln, Glockenspiele, Xylophone,
• Lobgesang durch Zimbeln, Flöten, Handtrommeln, Schellen u. a.

Jede Gruppe führt ihre Version der Geschichte vor. Miteinander wird über die Gestaltung und die Erfahrung bei der Vorführung gesprochen.
Diese Art der Umsetzung kann auch als Beitrag in einem Gottesdienst die Textlesung ersetzen oder ergänzen.

9.2.3 Wasser – eine Bildmeditation zu Psalmtexten

Wasser wird von den Menschen der Bibel sehr unterschiedlich wahrgenommen. Zum einen erlebt sich der Mensch als klein und hilflos gegenüber den Naturgewalten, zum anderen erfährt er Gott z.B. in der Wüste im lebensspendenden Wasser aus dem Felsen oder im Bild des Hirten, der die Schafe zum frischen Quellwasser leitet. Bei aller Unterschiedlichkeit der Erfahrung bleibt jedoch immer die Allmacht Gottes im Blick.

176

Material: Verschiedene Dias oder (Kalender-)Bilder zum Thema Wasser (Flüsse, Meer, Seen, Regen, Wasserfälle u.a.), Wasser-Psalmworte (Anhang), Klebstoff, Scheren, Diaprojektor, Leinwand.

Variation: Temperafarben in Flaschen, große Papierbogen DIN A2, breite Pinsel, Schwämme, Spachtel.

Zeit: ca. 30 Minuten

Alle Psalmworte werden laut vorgelesen.

Dazu nimmt jede/r eine Psalm-Wort-Karte und liest den Text vor. Jeweils zwei Personen wählen sich drei bis fünf Texte aus. Zu den Texten werden passende Dias oder Bilder ausgesucht, auf Papierbogen geklebt und mit dem Text beschriftet.

Der Bibeltext kann durch eigene Eindrücke ergänzt werden.
Beispiel:
> *„Bei dir ist die Quelle des Lebens."* (Psalm 36,10)
> *Überfluss, Fülle, ein Strom, der Durst stillt und*
> *Erfrischung, wenn ich müde und erschöpft bin.*

Jede Gruppe stellt ihre Ergebnisse vor und liest die Texte langsam dazu.

Die Bild-Text-Plakate werden in einer Reihe an die Wand gehängt oder zu einem Bildband zusammengestellt. Bei Dias ergibt sich eine Bildbetrachtung, die durch leise Hintergrundmusik ergänzt werden kann.

Variation: Wenn weder Bildmaterial noch Dias zur Verfügung stehen, können zu den Psalmtexten auch eigene expressive Farbbilder gemalt werden. Sie müssen nicht gegenständlich sein, sondern bringen durch die Art der Pinselführung und die Wahl der Farben die Stimmung des Textes zum Ausdruck. Wenn zum Farbauftrag Schwämme und Spachtel verwendet werden, wird die Gestaltung expressiver und großzügiger.

Mit den Bildern kann eine Themenausstellung aufgebaut werden.

9.2.4 Einen Tauf-Stein gestalten

Im Alten Testament (Exodus 17) findet sich die Geschichte, wie Mose auf Gottes Befehl hin den Felsen mit seinem Stab schlägt und Wasser hervorsprudelt, damit das wandernde Volk zu trinken hat.
Diese Erzählung wurde damit zu einem weiteren Archetyp für die Taufe: Christus ist der Fels und das Wasser bedeutet Rettung durch die Taufe.

Um die beiden Taufsymbole Wasser und Stein zu beleben, können wir einen „Tauf-Stein" gestalten, der dann später als Vogeltränke im Garten einen Platz finden kann.

Material: Säulenartige Ytongblöcke (etwa $30 \times 30 \times 100$ cm), gerundete und flache alte Holzbeitel, Spachtel, Holzhämmer, Ahlen, alte Feilen und Raspeln, Butterbrotpapier, weiche Bleistifte, Baufolie als Unterlage.

Zeit: ca. 3–4 Stunden

Jeweils zwei bis drei Teilnehmende wählen Taufsymbole aus und übertragen sie in Originalgröße auf Butterbrotpapier.

Anleitung: Die Symbole werden mit einer Ahle oder einem spitzen Gegenstand auf jeweils eine Blockseite übertragen und nach und nach plastisch herausgearbeitet. Die obere Deckfläche wird zu einer Schale ausgearbeitet.

Hinweise: Wenn möglich, wegen der Staubentwicklung im Freien arbeiten. Vorsicht: Ytong ist sehr weich, bei grober Behandlung können Teile absplittern. Die Ytongblöcke lassen sich sehr leicht von allen Seiten durch Schleifen und Feilen bearbeiten. Es ist kein besonderes handwerkliches Geschick erforderlich. Das gestaltende Tun am groben Block hat eine hohe Motivationskraft und „vertieft" (im Wortsinn) ein Symbol.

Die einzelnen „Tauf-Steine" werden zur Betrachtung aufgestellt und die Schalenvertiefung mit Wasser gefüllt.

Jede/r taucht ihren/seinen Finger hinein und zeichnet damit ein Kreuzzeichen auf die Stirn mit den Worten:

„Ich bin getauft auf den Namen des Vaters,
des Sohnes und des Heiligen Geistes. Amen."

Das erinnert an die Praxis beim Betreten einer katholischen Kirche, sich mit Weihwasser zu bekreuzigen und sich damit seiner Taufe zu erinnern.

9.3 Das Licht

In der Bibel wird der Ursprung allen Lichtes, aller Erleuchtung und aller Ausstrahlung und Strahlkraft personifiziert in Jesus Christus (Johannes 8,12; 2. Korinther 4,6; Epheser 5,8 und 1. Thessalonicher 5,5). Wer ihm begegnet, kann von der göttlichen Helle geblendet werden (Saulus in Apostelgeschichte 9,3). Wer sich zu ihm hält, wird selbst Lichtträger/in.

So spielt in der kirchlichen Taufpraxis die Taufkerze als Symbol eine besondere Rolle.

„Die Kerze scheint aus zwei Elementen zu bestehen: einer Flamme, die schon immer das Geistige symbolisiert hat, und dem Wachs, das zerschmilzt und vernichtet wird (Psalm 68,3). *Nichts konnte die doppelte Beschaffenheit Christi besser ausdrücken, da das Wachs an sein Menschendasein und die Flamme an seine Göttlichkeit erinnern.“*
(aus: Edouard Urech, Lexikon christlicher Symbole)

Zugleich wurde die Kerze zum Symbol eines durch Christus erneuerten Menschen; denn

- sie entzündet sich nicht selbst, sondern wird von einer anderen Flamme angesteckt, wie auch Christus Erleuchtung gibt,
- sie erhellt alles, was sich in ihrem Strahlenkreis befindet, so wie Christen für andere zu Freudenbringern werden können,
- sie verzehrt sich beim Brennen, so wie Christen ihr Leben nicht für sich leben, sondern zum Opfer für Christus und andere Menschen bereit werden,
- sie wärmt und wird zu Energie, so wie Christus Menschen zur brennenden Liebe befähigen möchte.

In vielen Kirchen gibt es den Brauch der Osterkerze, die mit einer Flamme, die aus einem Feuerstein geschlagen wurde, in der Osternacht entzündet wird zum Zeichen für die Auferstehung Jesu Christi. An dieser Kerze entzünden dann alle Gottesdienstbesucher/innen eine eigene Osterkerze und tragen das Licht, wenn möglich brennend, nach Hause – als Hinweis auf den Glauben an die Auferstehung.

In alter Tradition ist und war der Ostertag darum auch einer der bedeutendsten Tauftage der Kirche: Mit Christus sterben und auferstehen.

9.3.1 Eine Taufkerze gestalten

Zur Erinnerung an die Taufe erhalten Eltern und Paten stellvertretend für den Täufling eine Taufkerze. Oft wird diese zuvor von der Familie selbst gestaltet. In manchen Gemeinden oder Familien ist es ein guter Brauch, diese Kerze jedes Jahr am Tauftag zum Taufgedächtnis anzuzünden.

Das Gestalten einer eigenen Oster-/Taufkerze kann die Bedeutung der Taufe neu aktualisieren und verständlich machen. Dazu ist es nötig, eine Sammlung grundlegender Zeichen und ihrer Deutung bereitzustellen (siehe Seite 186 ff.). Ein Lexikon christlicher Symbole ist dabei hilfreich (z. B. Klementine Lipfert, Symbol-Fibel, Eine Hilfe zum Betrachten und Deuten ..., Johannes Stauda-Verlag, Kassel 1975 [5])

Material: weiße oder gelbe Stumpenkerzen (Durchmesser ca. 6 cm, Höhe ca. 15 cm), Verzierwachsplatten (aus der Drogerie oder bei Bastelbedarf), glatte Küchenmesser oder Linolschnittwerkzeuge, Arbeitsunterlage (Küchenbrett), Symbolvorlagen.

Zeit: ca. 45 – 60 Minuten

Die Technik:
- Eine runde oder ovale Grundfläche wird aus einer Farbe ausgeschnitten.
- Symbole werden ausgeschnitten und auf diesen Untergrund aufgelegt und festgedrückt. Sie können auch aus vielen kleinen Wachskügelchen zusammengesetzt und flächig angedrückt werden, was vor allem für Kinder die leichtere Form ist. Das Symbol wird zuvor mit Bleistift in die Wachsgrundplatte vorgezeichnet (evtl. mit Schablone).
- Der Rand der Grundplatte kann mit kleinen Teilen (Dreiecke, Kreise, Tropfen, Kugeln o. a.) verziert werden.
- Rechts und links der Mitte wird ein Alpha und ein Omega angebracht; weil Christus der Erste und der Letzte ist. (Alpha und Omega sind der erste und letzte Buchstabe des griechischen Alphabets.)
- Wer möchte, kann auch das Jahr seiner Taufe oder die aktuelle Jahreszahl anbringen.
- Mit sehr dünn gerollten Wachsschnüren können auch Worte gestaltet werden.
- Den unteren Rand kann eine Bordüre aus Wellen, Ranken, Blättern o. a. verzieren.

Jede/r schreibt sich zunächst auf, was für sie/ihn an der Taufe von Bedeutung ist und welche Symbole sich zur Verdeutlichung eignen. Auf einem Blatt Papier wird eine Skizze angefertigt und eine Farbauswahl getroffen. Die Kerze wird mit Wachs nach der eigenen Vorlage verziert.

Wenn jede/r ihre/seine Kerze gestaltet hat, stellen wir sie in die Mitte und erläutern unsere Auswahl an Symbolen und die Bedeutung für uns.

Eine gemeinsame Oster- oder Taufkerze im Zentrum wird entzündet und ein Oster- oder Tauflied (s. o.) gesungen.

9.3.2 Durchscheinend werden – ein Transparent

Wenn wir bei Tag eine Kirche mit bunten Glasfenstern betreten, dann beginnen diese zu leuchten, wenn die Sonne hindurchfällt. Ohne Licht von außen sind sie trüb und tot. Noch auffallender ist dies bei Nacht. Ist der Innenraum erleuchtet, strahlen die Farben in den Fenstern auf.

Dies ist ein Gleichnis für Menschen, die durch Gottes Geist und Leben von innen her (nicht aus sich selbst) zu anderen hin etwas von der Liebe und Freude spiegeln, die sie selbst erfahren haben.

In der Gestaltung eines Fensterbildes oder Transparentes können wir diese Tatsache veranschaulichen.

Material: Schwarzer Fotokarton, verschiedene Schablonen für den (gotischen o.a.) Rahmen, buntes Transparent- oder Seidenpapier, Scheren, Schneidemesser, weiche Bleistifte, Butterbrotpapier zur Übertragung von Symbolen, Arbeitsunterlage, Klebstoff, Symbolvorlagen.

Zeit: ca. 45–60 Minuten

Die Technik:
- Aus schwarzem Fotokarton wird eine äußere Fensterform ausgeschnitten.
- Für die Unterteilung in einzelne Felder werden Streifen aus Tonkarton geschnitten und eingefügt.
- Das ganze Fenster wird mit weißem Transparentpapier oder Klarsichtfolie hinterklebt.
- Die Felder werden mit Symbolen, Texten und/oder Farben beklebt.

Jede/r schreibt sich zunächst auf, was für sie/ihn an der Taufe von Bedeutung ist, welche Symbole sich zur Verdeutlichung eignen und welche Texte oder Worte eingefügt werden sollen.

Auf einem Blatt Papier wird eine Skizze angefertigt und eine Farbauswahl getroffen.

Wenn alle Transparente fertig gestellt sind, werden sie an den Fenstern aufgehängt.

Jede/r kann erläutern, was die ausgewählten Zeichen und Farben für sie/ihn persönlich bedeuten.

Variation: Für die Gestaltung eines Fensterbildes kann auch stabile Plastikfolie zum Hinterkleben des Fotokartonrahmens und Fenstermalfarbe verwendet werden. Die Leuchtkraft ist wesentlich höher. Das Material ist dafür sehr viel teurer.

9.4 Das Kleid

Als der „verlorene Sohn" zum Vater zurückkehrt, wird er von diesem zum Zeichen der Verzeihung, des Neuanfangs und der liebevollen Annahme mit einem Festgewand bekleidet. Er erlebt, dass alles Alte, Verkehrte und Unrechte vorbei ist und er durch die erneute Aufnahme in die Gemeinschaft seiner Familie gleichsam wieder lebendig geworden ist.

Das Kleid wird zum Taufzeichen von Gottes väterlichem Handeln, es weist auf Reinheit und Sündenvergebung, auf die Sehnsucht nach Unversehrtheit und Klarheit hin.

Das hebräische Wort für Reinheit „tahor" bedeutet „zum Licht hervorbrechend" und „lichtglänzend" und erklärt, was in der Taufe geschieht: ein Aufbruch und Durchbruch zum Licht der Liebe Gottes hin.
Unreinheit dagegen erscheint in der Bibel als Wirkung des Todes, mit der ein Verlust der Lebenskraft einhergeht, und steht in enger Verbindung mit der Sünde und Abwendung von Gottes lebensschützenden Weisungen.

Das Taufkleid bedeutet also:
- Leben in Reinheit, d.h. in wachsender Freude und einem getrösteten Gewissen (Römer 6,3),
- Leben als wertgeschätztes Kind Gottes (Galater 3,26 + 27),
- ein Teil der Gemeinde Christi werden (1. Korinther 12,12 + 13),
- Segen zu sein (St. Martin teilt sein Gewand, 1. Korinther 12,4 – 7).

9.4.1 Ein Tauftuch gestalten

Jeden Morgen kleiden wir uns frisch ein. Wenn wir uns in irgendeiner Form beschmutzt haben, wechseln wir die Kleidung. Reinlichkeit ist für uns etwas Selbstverständliches. Im übertragenen Sinn tun wir uns oft schwer damit, dass uns die Vergebung Gottes zugesprochen ist und Gültigkeit hat, ganz gleich, was wir tun oder versäumen. In der Gestaltung eines Tauftuches spüren wir dieser grundsätzlichen Erlösungserfahrung nach und vergewissern uns des göttlichen Zuspruchs (Jesaja 43,1–4).

Es war lange Zeit in vielen Gegenden üblich, dem Täufling ein weißes Kleid anzuziehen. Dieses spezielle Taufkleid wurde oft von Generation zu Generation vererbt. Manchmal wurden auch alle Namen der Getauften, die dieses Kleid jeweils trugen, zur Erinnerung eingestickt. Somit hatte das Taufkleid die Funktion, die Vergewisserung der Tauferfahrung wach zu halten und zu erneuern.

Material: Tücher aus Leintuchstoff (Baumwolle, 90 × 90 cm), Textilfarben und Textilmalstifte (nach dem Trocknen von links einbügeln), Pinsel, Baufolie als Unterlage, Kreppklebeband zur Befestigung der Tücher beim Malen, weiche Bleistifte für die Vorzeichnung, Wassergläser und Lappen zur Pinselreinigung, Zuspruchkarten (Jesaja 43,1–4).

Zeit: ca. 60–90 Minuten

Wir erinnern uns an die Einführung und notieren, was für uns besonders wichtig ist. Zu jedem Schwerpunkt gibt es Symbole, die uns helfen, ihn zu gestalten:

- Das Kleid der Reinheit, Chance zum Neuanfang, Vergebung: Taube, Lilie, Weide, Wasser, Regenbogen, Ölbaum, Lamm, Silber ...
- Das Kleid als Freudenzeichen über die Kindschaft bei Gott: Baum, Eiche, Schmetterling, Fisch, Efeu, Grün, Bunt, Ring, Hände ...
- Das Kleid als Zeichen meiner Zugehörigkeit zur Gemeinschaft der Glaubenden: Anker, Alpha und Omega, Palme, Kranz, Weg, Hirsch, Brot und Wein, Schiff ...
- Das Kleid als Bild der anvertrauten Gaben und Aufgaben: Kreuz, Brücke, Tür, Wasserbecken, Edelsteine ...
- Das Kleid als Hinweis auf den Heiligen Geist als Begleiter und Führer: Quelle, Taube, Säule, Vorhang, Feuer ...

Wir können nicht alles darstellen. Wir müssen uns für einige Schwerpunkte entscheiden, die uns heute bedeutsam wurden. Dazu fertigen wir eine Skizze an. Die Aufteilung der Fläche gelingt leichter, wenn eine Mitte gestaltet wird, von der aus und zu der hin sich etwas ordnen lässt. Das Stoffquadrat kann auch auf die Spitze gestellt werden.

Anleitung: Das Tuch wird auf der Baufolie mit Klebestreifen befestigt, sodass es nicht verrutschen kann und glatt gespannt bleibt. Symbole oder Bilder können darunter geschoben werden, sodass sie auf der rechten Seite durchscheinen und übertragen werden können. Mit Textilstiften werden die Umrisse, Textteile (Namen, Orte, Begriffe) gezeichnet. Mit Pinsel können Flächen ausgemalt werden.

Nach der Gestaltungszeit gehen wir von Arbeitsplatz zu Arbeitsplatz. Jede/r kann mitteilen, was sie/ihn beim Malen beschäftigt hat und was sie/er ausdrücken wollte.

Bei jedem Tauftuch wird von einer/m Teilnehmenden eine Zuspruchkarte genommen und unter Einsetzung des Vornamens für die/den Gestaltenden vorgelesen:

Alle: *So spricht der Herr, der dich geschaffen hat und dich gemacht hat, ... Christoph ...:*

Eine/r: *Fürchte dich nicht; denn ich habe dich erlöst;*
ich habe dich, ... Christoph ..., bei deinem Namen gerufen:
Du bist mein!
Wenn du durch Wasser gehst, will ich bei dir sein,
damit die Ströme dich nicht ertränken sollen;
und wenn du ins Feuer gehst, sollst du nicht verbrennen
und die Flamme soll dich nicht versengen.
Denn ich bin der Herr, dein Gott, dein Heiland.
Ich bin mit dir.

Durch diesen sehr persönlichen Zuspruch bekräftigen die Teilnehmenden, was jede/n Einzelne/n in diesem Augenblick bewegt. Ein Sendungslied kann die Zeit beschließen und bewusst überleiten in den Alltag und das Weitergehen.

Reise-Segen-Kanon

T. u. M.: I. F. Eckard

Die noch feuchten Tücher werden auf eine Wäscheleine zum Trocknen aufgehängt (Trocknungszeit etwa 3 Stunden).

Bei der Taufe wird dem Täufling unter Handauflegung in der Regel ein Bibelvers zugesprochen, der wie eine ermutigende und tröstliche Segensverheißung den Lebensweg begleiten soll. Das so persönlich zugeeignete Wort Gottes hat den Charakter einer aktiv wirkenden Kraft und wird oft in besonderen Lebenssituationen neu und bedeutsam als wahr erfahren.

Solch ein Taufspruch kann z.B. als selbst gestaltete Taufurkunde mit ausgeschmücktem Rahmen einen besonderen Platz im Stammbuch der Familie haben oder sich im Einband der persönlichen Bibel wiederfinden.

9.5.1 Eine Zuspruch-Feier

Sollte jemand keinen eigenen Taufvers kennen oder auffinden können, ist es ein Anlass, in einer eigens dafür gestalteten Feier einen Bibelvers zuzusprechen, den ein/e Freund/in oder jemand, der nahe steht, ausgesucht hat.

Der Rahmen für eine solche Feier kann mit Hilfe der bereits entfalteten und bearbeiteten Symbole gebildet werden. Der Zuspruch selbst ist eine Form von Segnung, die wir einander schenken können.

Erfahrungsbericht: In einer Schulklasse stellte sich bei der Behandlung des Themas Taufe heraus, dass vier Kinder im Alter von 12 Jahren noch nicht getauft waren, aber darunter litten, dass ihnen eine so persönliche Erfahrung fehlte. Ich wollte nicht ihrer eigenen Entscheidung für eine Taufe vorgreifen und ihnen dennoch eine Erfahrung des Angenommenseins und der Wertschätzung durch Gottes Liebe und die Gemeinschaft der Gruppe ermöglichen.

Miteinander konstruierten wir aus einem Restposten Vlieseline ein Zelt aus langen Streifen, die an einem Ende zusammengebunden und an einem Haken an der Decke befestigt wurden. Die freien Enden klebten wir mit doppelseitigem Klebeband an die Unterkanten der im Viereck gestellten Tische des Klassenzimmers. So entstand ein großes, weites und leichtes, lichtes Zelt. Wir verteilten Kissen auf dem Boden und stellten die Namensleuchte in die Mitte. Die nicht getauften Kinder setzten sich ganz dicht an die Leuchte. Gemeinsam sprachen wir für jedes Kind einzeln den Text aus Jesaja 43. Dann „zog" jeweils eine Freundin/ein Freund einen Bibelvers aus einer Sammlung von Versen, legte die Hand auf den

Arm der/des zu Segnenden und sprach den Vers zu. Die Gruppe antwortete mit einem Tauf-Segenslied (s. u.), wobei alle ihre Hände segnend über die Kinder in der Mitte ausstreckten.

Das Tauf-Segenslied wird zeilenweise eingeübt und kann so auch als Kanon gesungen werden, wenn jede Gruppe immer nur eine Zeile wiederholend singt.

Tauf-Segen

T.: mündlich überliefert
M.: I. F. Eckard

Anlage 1: Psalmworte zum Thema „Wasser"

Psalm

22,15	63,2	88,8
23,2	65,8	89,9+10
36,10	65,10	93,2−4
42,2	69,2+3	107,24−30
42,8	78,13	124,4
46,2−4	78,16	

Anlage 2: Kleine Symbolliste für Taufkerzen, Transparente und Tauftücher

Christus: Dornenkrone, Kreuz, Kelch, Hostie, Ähre, Berg, Lamm, Löwe, Adler, Hirsch u. v. a. IHS (griech.).

Taufe: Arche: Rettung.
Brunnen: Wiedergeburt.

Fisch: Wie der Fisch im Wasser, so lebt der Christ aus der Taufe (nach Augustinus).

Hirsch: nach Psalm 42,2 der nach Rettung dürstende Mensch.

Fluss: als Erinnerung an den Jordan, in dem Jesus getauft wurde.

Lorbeer: Das unverwelkliche Leben aus Christus.

Taube: Zeichen der Taufe Jesu.

Wasser: Reinigung.

Zahl 8: Neuanfang und Rettung (Arche).

Farbe Weiß.

Vergebung: Ölbaum: Versöhnungszeichen.

Regenbogen: Neuer Bund des Friedens.

Weißes Kleid: Neues, gereinigtes Leben.

Reinheit: Taube/meist zwei Tauben an einem Wasserbecken: Leben aus Christus, der Quelle.

Lilie: Unschuld und Gnade.

Weide/Pflanze am Wasser: Getaufte, aus der Gnade lebend.

Farbe Weiß.

Erlösung: Apfel: Sündenfall und Erlösung.

Brücke: Verbindung zwischen Gott und Menschen.

Kreuz: Sühnetod.

Lamm: Christus, der für die Sünden Geopferte.

Pforte/Tür: Durchgang zum Heil.

Farbe Silber.

Heiliger Geist: Quelle mit sieben Strahlen: Gaben des Heiligen Geistes.

Sieben Säulen: s. o.

Taube: Friedenskünderin (Arche).

Vorhang: Das Wehen des Heiligen Geistes.

Farben Blau–Gottheit, Rot–Liebesfeuer, Grün–Lebenswachstum.

Glaube: Anker: Ruhe in Christus.

Alpha und Omega: Christus, Anfang und Ende.

Kranz: Sieg und Überwindung im Vertrauen auf Christus.

Lampe: Erleuchtet durch die Gotteserkenntnis.

Palme/Baum: Gegründet in Christus.

Weg: Nachfolge und Treue zu Christus.

Leben: Baum: Wachsen, Wurzeln an der Lebensquelle.
         Efeu: Immergrün für Ewigkeit und Unsterblichkeit.
         Ei: Urbild für Leben.
         Eiche: Standhaftigkeit und lebenslängliche Treue.
         Kelch/Hostie: Kommunion, Erneuerung, Kräftigung.
         Rad: Lebenszeit.
         Schmetterling: Auferstehung und Verwandlung.
         Traube/Ähre: Kommunion.
         Wasser aus dem Fels: Lebenskraft in schweren Situationen
         Weinstock: Leben aus Christus.
         Farbe Grün.

Liebe: Band: Bund der Treue.
         Garten: Raum der Liebe.
         Herz: tiefe, echte Liebe.
         Nest: Zuhause.
         Ring: Treue und Ewigkeit.
         Rose: Mariensymbol.
         Farbe Rot–Herzlichkeit, Violett–Leidenschaft.

Anlage 3: Einige Foto-Dokumentationen

Transparentes Fensterbild

Namen-Leuchte

Tauftuch Schiff

Tauftuch Lilie

Tauffeier-Zelt

Regenbogen

10. KUNST ALS SPRACHE DES GLAUBENS

Einleitung: Im großen Spektrum von Kunst nimmt die „Christliche Kunst" einen besonderen Platz ein. Damit ist nicht die Illustration biblischer Geschichten gemeint, sondern vielmehr die Kunst, die es als „Sprache des Glaubens" versteht, den Betrachtenden sinnstiftende Zusammenhänge verstehbar zu machen und Glauben als Vertrauen in Gott zu thematisieren und zu wecken.

Aus diesem Grund begann vor einigen Jahren unser Gemeinde-Projekt „Bilder – Sprache des Glaubens". Die Herausforderung bestand und besteht für mich darin, Menschen aller Altersgruppen sehen zu lehren und zu ermutigen, ihrem eigenen Glauben durch gestalterisches Tun ihre eigene unverwechselbare Stimme zu geben und damit eine Spur der spirituellen Kommunikation zu eröffnen.

Es braucht konkrete Hilfestellungen, um die Barrieren von Schul-Zeichenstundenerfahrungen (und der damit verbundenen Noten-Bewertung) oder dem Gefühl der Unbegabtheit abzubauen. Nach unserer Überzeugung kann jeder Mensch etwas, das er in seinem Inneren bewegt, auch herausgeben und als Weg zur Sprachfähigkeit in Bezug auf den eigenen Glauben gestalten.

Beispiel: Im Bilderzyklus „*Lebensmelodien*" (Die Bilder sind als Farbkopien/Fotos erhältlich bei der Autorin/Adresse im Anhang) wird unser Leben als gemalte Musik beschrieben. Da gibt es Notenlinien wie Lebenslinien, Strukturen und Richtungen, die dem Ausdruck verleihen, was wir erleben, erleiden und fühlen, was uns bewegt. Es ist ein Spiel in Farbenfülle, ein Miteinander der Farbspuren oder Aufeinanderzu, manchmal auch ein Gegeneinander und Umeinanderherum, zu manchen Zeiten wie ein Solopart, ein einsames Getön in der Nacht von Schmerz und Streit, von Suche nach Weg und Sinn. Es ist ein Konzert der Stimmen und Stimmungen, vor Augen gemalt, was oft unaussprechbar bleibt und Worten sich verweigert. Und immer wieder taucht ein Violinschlüssel auf; denn auf den Schlüssel kommt es an, wie auf die Vor-Zeichen, auf die Bewegungen und Klangfarben, auf die Dynamik und den Schwung, vor allem aber auf die Idee des Schöpfers aller Melodien, auf die Absicht dessen, der das rechte Maß von Spannung und Harmonie kennt. So entsteht aus Güte und Erbarmen, aus Liebe und Leidenschaft das Lied des Lebens auf der Partitur des Kreuzes im Namen des Allmächtigen.

10.1 Ein Experiment mit Jugendlichen

<u>Kreative Umsetzung:</u> Mit Gruppen von Jugendlichen haben wir einen Nachmittag geplant. Wir sprechen über das, was für uns „Leben" bedeutet. Ich gebe eine kurze Einführung zu *„Meine Lebensmelodie"*:

„Du hast bereits zwei Bleistifte durchgekaut, deine Zunge ist schon ganz blau, weil du den Filzstift von hinten angenagt hast. Doch du bist wild entschlossen, der Person, die du liebst, etwas sehr Persönliches zu schreiben, vielleicht wird es eine Art Gedicht, aber auf jeden Fall soll es das sein, was du tief innen in dir verborgen für sie empfindest. Und du hoffst, dass die Liebe zueinander und die Wertschätzung so groß ist, dass auch das noch zu verstehen ist, was eigentlich zwischen den Zeilen steht.

Jemand, der dir sehr lieb ist, hat Geburtstag. Du willst über alle Schatten springen und ein selbst verfasstes Lied vortragen. Es kam dir in der Nacht. Und du möchtest, dass es ankommt und zeigt, wie sehr du diese Person magst.

Du hast eine kleine Rede vorbereitet zu diesem besonderen Anlass. Dein Mund ist ganz trocken und dein Herz schlägt bis zum Hals. Doch du wirst sagen, was zu sagen ist, es ist die Gelegenheit, deiner Dankbarkeit und Freude Ausdruck zu geben.

Meine kleine sechsjährige Nichte springt mir an der Haustür in die Arme und überreicht mir glücklich ein etwas zerknittertes Bild, das sie extra für mich gemalt hat. Das, was ihr wichtig ist, was sie gerade gelernt hat zu zeichnen, bedeckt die ganze Fläche: Herzen in allen Farben. Und sie wartet auf meine Reaktion.

Wir erkennen: Wenn wir etwas von uns persönlich hinausgeben, verschenken, preisgeben, dann ist das ein großes Wagnis, weil wir nicht wissen, was damit geschieht. Wir werden dabei verletzlich. Es ist aber auch der Preis für echte Beziehung. Es ist ein Zeichen für Vertrauen, dass ich offen bin. Ich vertraue, dass mich der geliebte Mensch versteht und nicht belächelt, zuhört und nicht grinst.

Es ist immer etwas ganz besonders Kostbares, wenn wir uns gegenseitig ein klein wenig in uns hineinsehen lassen.

Darum geht es auch an diesem Nachmittag. Wir wollen einander aufmerksam und mit Wertschätzung begegnen, wenn wir gestalten und uns gegenseitig daran Anteil geben.

„Meine Lebensmelodie" ist das Thema. Dass ich da bin, verdanke ich nicht mir selbst. Dass mein Leben gelingt, ist nicht selbstverständlich. Unsichtbar, aber gewiss umgibt uns Gottes Nähe. Er will unserem Leben zum Gelingen und zur Entfaltung verhelfen. Voll Vertrauen in Gottes liebevolle Gegenwart haben es Menschen der Bibel so formuliert:

Ich (Jesus) bin gekommen, damit sie das Leben haben und es in Fülle haben. (Johannes 10,11)
*Du zeigst mir die Wege zum Leben. (*Apostelgeschichte 2,28)
Der Herr ist die Kraft meines Lebens. (Psalm 27,1)
Der Atem des Allmächtigen hat mir das Leben gegeben. (Ijob 33,4)
Ich sagte zu dir: Bleib am Leben! (Ezechiel 16,6)

Wie würde ich es sagen? (Kurze Gedankenpause)

Melodien, Musik allgemein, das ist Bewegung, Rhythmus, Dynamik, ein Fluss von Tönen und Klängen, das ist Tanz und Ekstase ebenso wie der Ohrwurm beim Zähneputzen und das Lied des Windes in den Bäumen. Die geschriebene Musik hat ganz eigene Zeichen für Klänge, Töne, für Melodien und Akkorde, für laut und leise, für hell und dunkel. Alles spielt sich in, über und zwischen den Notensystemen ab, in Linien, die einen Anfang und ein Ende haben. Der Notenschlüssel zeigt, wo eine Melodie gespielt wird. Die Vorzeichen geben eine bestimmte Stimmung – Dur oder Moll – an.

Wir können alle Zeichen ganz frei variieren: große Töne für besonders wichtige Stimmungen, kleine für die zarteren Seiten; oder ganz andere Zeichen erfinden. Habe ich Erfahrungen gemacht, die eher himmelhochjauchzend sind oder tief im Keller? Verschiedene Farben können uns helfen, unsere persönlichen Eindrücke zu verdeutlichen, gute oder schwere Erfahrungen, vorherrschende Stimmungen, Gefühle, Hoffnungen, Ängste, Versagen, Gelingen ...
Unser Papier ist jetzt eine Seite unseres Lebens. Wie und was klingt da zusammen? Wo bin ich, wo ist Gott? Wer spielt da alles mit?

Wir haben 30 Minuten Gestaltungszeit mit wasservermalbaren Wachsmalstiften, die erlauben, sehr „lebendige Farbklänge" zu erzeugen.

Hinweis: Wir verwenden auch Holzstifte oder Temperafarben, aber niemals Filzstifte; denn Farbe muss „lebendig" sein und in sich die Möglichkeit der Gestaltbarkeit besitzen.

Im Anschluss an das sehr konzentrierte Malen der Jugendlichen machen wir eine kurze Verschnaufpause an der frischen Luft.

Nach fünf Minuten nehmen wir unsere Bilder und gehen in den Raum mit den Bildern, setzen uns auf den Teppichboden und legen unsere „Werke" vor uns ab. Alle sind so mit ihrer eigenen „Lebensmelodie" beschäftigt, dass kaum ein Blick auf die Bilder an den Wänden fällt.

Vorsichtig und erst etwas zaghaft beginnen Einzelne über das zu sprechen, was sie ausdrücken wollten. Es gibt keinen Druck, etwas zu sagen. Die Atmosphäre ist ganz locker und ungezwungen.

Zur Einstimmung auf das Betrachten der Ausstellung lese ich einen Text:

> „Bilder betrachten:
> Wir wollen uns Zeit lassen, schauen, entdecken,
> auf Augenwanderschaft gehen,
> spielerisch erkunden mit allen Sinnen.
> Niemand zwingt uns, etwas zu deuten
> mit Begrifflichkeiten wie ‚Haus', ‚Baum' oder ‚Weg';
> nichts dergleichen schenkt Ein-Sicht.
>
> Wir wollen gleichsam absichtslos sehen
> und warten können, uns hineinfühlen
> mit dem Mut zur Schlichtheit,
> ein Noch-nicht-Begreifen akzeptieren
> mit der Armut der leeren Hände; denn:
> das Wesentliche können wir nicht erarbeiten,
> das Wahre empfangen wir als Geschenk,
> oft überraschend, in plötzlicher Klarheit,
> nicht kalkulierbar auf Termin und Befehl.
>
> Schnelles Wissen brauchen wir nicht,
> wo wir das Wagnis Empfindung eingehen
> und unsere inneren Fenster offen lassen
> und wach wie Kinderaugen,
> voll Erwartung und Hoffnung
> mit der Bereitschaft, im nächsten Augenblick
> zu lachen oder zu weinen,
> unverstellt und ohne Berechnung.
>
> Ich rate dir, mehr dein Herz zu öffnen
> als deinen Verstand,
> vielleicht ereignet sich ein Wahrnehmen in der Tiefe,
> ein behutsames Finden fast wie im Traum.

Du weißt wohl jetzt noch nicht, warum und wozu gerade dies,
doch lass es wachsen wie ein Samenkorn,
gönne deinem Erkennen die Zeit in der warmen Erde Liebe,
das Reifen und Hervorbrechen ans Licht
zur guten Zeit.

Er will dir begegnen.

Schau dich um. Wenn du ein Bild gefunden hast, zu dem du dich
hingezogen fühlst, dann stelle oder setze dich so, dass du es gut
sehen kannst und bleibe da."

Die TeilnehmerInnen stehen auf und wandern im Raum umher. Einige
finden sich schnell in Gruppen zusammen, andere gehen gezielt auf ein
bestimmtes Bild zu, andere irren etwas hilflos dazwischen herum, bis sie
sich anderen anschließen oder einen eigenen Platz finden. Es ist ruhig,
konzentriert und sehr dicht.

Wer möchte, kann in der Runde mitteilen, warum sie/er gerade dieses
Bild ausgesucht hat, was sie/ihn anspricht, was auffällt, ob es eine Beziehung zur eigenen Lebensmelodie gibt.

Wir staunen über einige Bemerkungen und Deutungen und spüren bei
manchen den Wunsch, das eigene Gestalten wieder aufzunehmen, Gese-
henes als Inspiration zu nutzen und eine zweite Gestaltungszeit zu haben.
Für andere ist es einfach zu nah und persönlich, und es ist noch nicht
genug Vertrauen da, sich selbst ins Spiel zu bringen.

Ich lese noch einmal die biblischen Worte, fasse zusammen, was gesagt
wurde, und bedanke mich für die Bereitschaft und Offenheit, diesen Ge-
staltungsweg mitzugehen. Ich greife die Anregung aus der Gruppe auf,
das Gestalten wieder aufzunehmen, und ermutige dazu, sich zu Hause
eine freie Zeit dafür auszusparen.

Hinweis: Es kann nicht kurzfristig, nicht schnell, nicht gefordert und
nicht durch cin einziges Angebot gelingen, dass wir lernen uns zu öffnen
und die Furcht vor den eigenen Tiefen verlieren oder unseren Empfindungen trauen und zeigen, was uns wichtig ist. Es kann aber sein, dass es
für einige ein Mosaikstein im Bild ihres Lebens wird, wenn kleine Lichter
aufgehen, wenn Vertrauen mit Vertrauen beantwortet wird und das Geschenk der Offenheit mit Freundschaft begrüßt wird.

10.2 Eine Gestaltungseinheit zur Symbolerschließung „Auge"

Im Unterschied zu einem Kunstdruck „lebt" ein Original, es kann als Gegenüber zu sprechen beginnen. Die Farbe hat plastische Tiefe, die Strukturen und die Pinselführung sind erkennbar, mit den Händen kann jede Erhebung ertastet werden, durch die Rahmung oder den Untergrund tritt es deutlich hervor, es kommt uns entgegen.

(Die einzige Chance, eine Kopie oder einen Druck wirklich zu verlebendigen, besteht darin, ihn zu bearbeiten, ihn eventuell auch zu übermalen und zu verändern. Das bedeutet nicht, dass wir mit Kunstdrucken keine Bildbetrachtungen inszenieren könnten, doch der Unterschied ist gewaltig!)

Im Folgenden wird das Symbol „Auge" in einer Gruppe von verschiedenen Seiten beleuchtet. Auf dem Tisch liegen Bildausschnitte aus Zeitschriften: verschiedene Augen, gezeichnete Augen, ein stilisiertes Auge.

Die Teilnehmenden tauschen unaufgefordert ihre Ersteindrücke aus. Die/der Anleitende wirft eine Behauptung dazwischen:
„Auge ist Bild einer Beziehung."

Ein Augen-Lied stimmt auf das Thema ein:
„Oculi nostri ad Dominum Deum. Oculi nostri ad Dominum nostrum. Unsere Augen sehn stets auf den Herren. Unsere Augen sehn stets auf den Herren." (EG 582)

Eine Partnerübung schließt sich an: Wir schauen einander 30 sec lang ins Auge. Wir betrachten Farbe, Glanz, Stimmung und Ausdruck.

Die/der Anleitende wirft wieder eine Behauptung ein:
„Augen sind die Fenster der Seele."

Jede/r erhält ein Blatt mit einem stilisierten Auge, um ihre/seine spontanen Assoziationen aufzuschreiben: Redewendungen, Zusammensetzungen, Liedverse, Bibelworte ...

Jede/r liest ihre/seine Ergebnisse vor. Es ist Zeit zum Ergänzen der eigenen Ideen durch die Beiträge aus der Gruppe:
„Schau mir in die Augen, Kleines! – Auge um Auge – von Auge zu Auge – ins Auge fallen – im Auge behalten – ins Auge sehen – vor Augen malen – Augen machen – Augen auf! – mein Augenmerk richten auf etwas – der böse Blick – lachendes und weinendes Auge – Schlafzimmerblick – blitzende, glänzende, strahlende Augen – tief in die Augen sehen – ein Auge haben auf – Augen-Blick – augenfällig – augenscheinlich – Augenstern – Augapfel – Augenlied – Augenauf-

schlag – Augentropfen – Augensalbe – beäugen – Augenlicht – Katzenaugen – Augendiagnose – durchdringender Blick – Auge Gottes – Augenfarbe – Aller Augen warten auf dich, Herr – Ich hebe meine Augen auf zu den Bergen ..."

Das Original *„Oculi aperti sunt supra omnes vias filiorum Adam"* (nach Jeremia 32,19: *„Deine Augen wachen über alle Wege der Menschen"*) wird auf einer Staffelei präsentiert. (Übermalung eines alten Ölbildes, Glas- und Lackfarbe (51×68 cm); das Bild ist als Farbkopie/Foto erhältlich bei der Autorin)

Nach einigen Momenten des stillen Betrachtens kann jede/r die eigenen „Ein-Sichten" mitteilen. Einige Stichworte sind:

- Weg, Lebenswege, Ziele und Richtungen, Wagemut und Aufbruchbereitschaft
- Zeit, anvertraute Zeit, Lebenszeit im Licht der Ewigkeit
- Lebensaufgaben, Alltag, Auftrag, Ruf und Berufung
- Gottes Licht, in Seinen Augen, angesehen, wachsame Begleitung"

Die gewonnenen Einblicke können durch kreatives Schreiben in der „Fill-In-Form" vertieft werden.

Frage: Welches Stichwort zum Bild berührt mich besonders?
Kurze Notizen: _____

In diesem einen Stichwort beschreibe ich meine eigenen Erfahrungen und Erlebnisse:
Ich schreibe jetzt die Buchstaben meines Stichwortes senkrecht untereinander. Nun fülle ich die Zeilen mit Begriffen oder Sätzen, die mit dem jeweiligen Buchstaben beginnen: Sie spiegeln, was mich betrifft und mir wichtig ist an diesem Wort und Bild. Zum Beispiel:

L _____
E _____
B _____
E _____
N _____
S _____
W _____
E _____
G _____

Es ist Gelegenheit zum Austausch dessen, was in der Runde mitgeteilt werden kann (zu Persönliches bleibt ungesagt).

Ein betrachtender und deutender Text wird vorgelesen:

Was sehen wir?

Schiffe – eine Horizontlinie – ein Sonnen-Auge – Goldspuren – Bahnen im Licht – ...

Was erkennen wir?

Schiff ist Bild für Lebensaufgabe und Lebensweg, für Alltag und Auftrag, viele Schiffe: viele verschiedene Ziele und Richtungen, immer wieder zu neuen Ufern, neuen Horizonten. Wagemut und Aufbruchbereitschaft sind von uns gefordert.

Wasser und Meer sind Zeichen für Zeit, geschenkte, bemessene und anvertraute Zeit, Lebenszeit im Licht der Ewigkeit.

Weg und Zeit sind erhellt, beleuchtet, überstrahlt von einem großen Licht in der Mitte, das wie ein Magnet sammelt, das alle Bewegung ordnet.

Wir spüren: Darauf kommt es an, dass Gottes Auge freundlich aufleuchtet über unseren Wegen, dass wir Ihn im Blick behalten, damit wir die Richtung nicht verlieren, uns nicht verlieren im Meer der Möglichkeiten und Verlockungen.

Deine Augen stehen offen über allen Wegen der Menschenkinder.
(Jeremia 32,19)

> *Jeder Augen-Blick,*
> *jede Ausfahrt zum Fang und Einfahrt zur Einkehr,*
> *alles Unterwegssein und jedes Ankommen,*
> *stürmische See und sanfte Brise,*
> *altvertraute Ufer und abenteuerlich-fremde Horizonte,*
> *mutiges Wirken und banges Zulassen,*
> *alles hat seine Zeit unter dem Angesicht Gottes.*
> *Sein Ansehen ist Licht, das Wege aufzeigt,*
> *ist wachsam und keine Spur misstrauisch,*
> *ist klar, wo Durchblick vonnöten,*
> *ist da, ungesucht und unerwartet,*
> *weil Er da ist alle Tage bis zur Vollendung.*
> *Darum:*
> *Seid ohne Sorge, ganz ohne Sorge!*

Kurze Pause

Die/der Anleitende führt das Thema weiter: „Man sieht nur mit dem Herzen gut", schrieb Antoine de Saint-Exupéry im „Kleinen Prinz".

Die Erklärung des „Herz-Augen-Malens" schließt sich an (siehe Kapitel 1: Rituale)

198

Jede/r vervollständigt das eigene „Herz-Auge-Bild" mit Farben und den Namen der Anwesenden.

Zur Vertiefung gestalten wir Augen-Symbolsteine aus Glas-Nuggets

Material: Verschiedene durchsichtige Glasnuggets, Wasserlack-Farbe in allen Grundfarben und Gold und Silber (z.B. Marabu-Decorlack), feine und breite Haarpinsel, schwarze oder goldene Konturenfarbe in der Tube für Glasmalerei (z.B. Marabu-Konturenliner).

Erklärung des Verfahrens:
- Die Steine werden auf der Rückseite mit Wasser gereinigt (staub- und fettfrei)
- Das Symbol wird mit Konturenliner aufgezeichnet, dies kann mit unterlegtem, gezeichnetem Symbol auf weißem Papier erleichtert werden. Trocknen lassen.
- Symbol und Hintergrund werden mit Glasfarbe ausgemalt. Trocknen lassen (Föhn!)
- Das ganze Hinterglasbild oder nur das Symbol wird mit hellem Wasserlack (z.B. Metallicweiß) abgedeckt, damit es später klar leuchtet.
- Der Glasstein wird auf der Rückseite mit dunklerem Wasserlack zum Schutz abgedeckt. Gut durchtrocknen lassen!

Ein Symbolstein kann als kleines, „Sinn-volles" Geschenk weitergegeben werden. Mit dem Stein können erklärende Texte verschenkt werden.

Zum Beispiel:
- In der Konkordanz werden passende Bibelstellen gesucht und in Schönschrift auf Karten geschrieben (siehe S. 204).
- Die Symbolbedeutung (siehe Seite 202) wird in einem Symbollexikon nachgeschlagen und auch auf die Karten geschrieben.
- Ein eigener Text/ein Gedicht kann ergänzt werden.
- Eine passende Geschichte zum Symbol wird erzählt.
- oder:

Ein Glas-Stein – zum Hindurchsehen und in die Tiefe schauen: Erinnerung an Einblicke, Durchblicke und Ausblicke.

Ein Denk-Stein – zum Gedenken an Erlebtes, Geschenktes und Empfangenes. Eine Hilfe gegen Vergesslichkeit.

Ein Dank-Stein – für Güte und Freundschaft, für Nähe und Liebe, für ... Ein sinn-volles Symbol, ein kleines Schmuckstück wie ein Tautropfen-Vergrößerungsglas; denn manchmal sind es die kleinen Dinge, die bedeutsam sind für dich und mich zur Freude.

10.3 Übermalen als Weg

Ein weiterer Weg, um sich ein Bild anzueignen, es als Impuls für die eigene Gestaltung zu nützen, ist das Übermalen.

Wir haben zunächst meist eine leichte Scheu, halten es vielleicht für ein Sakrileg, das Werk eines anderen zu bearbeiten. Doch dabei handelt es sich nur um eine Kopie oder einen Druck, unser Tun verändert nicht das Original, sondern es entsteht eine gestalterische Kommunikation mit ihm. Es kann sogar eine große Erleichterung sein, nicht vor einem weißen Blatt zu sitzen, sondern bereits etwas vorzufinden.

Am Anfang steht wieder eine kurze Einführung: (Wer möchte, kann seine Gedankenblitze beim Zuhören für sich notieren.)

In jedem Lebensganzen, in jedem Beziehungsgeflecht gibt es Elemente, die wir als zerstörerisch, verletzend, kleinmachend, beklemmend, einengend oder wie auch immer lebenshindernd wahrnehmen oder deuten.
– Gedanken-Pause –

Wir haben Erfahrungen gemacht, die uns geprägt haben. Wir haben oder hatten mit Menschen zu tun, die unsere Erwartungen enttäuscht haben.
– Gedanken-Pause –

Wir tragen Bilder in uns, an die wir uns nur schmerzlich oder beschämt erinnern.
– Gedanken-Pause –

Aber ebenso hat jede/r von uns auch Menschen und Situationen erlebt, die uns gestärkt und ermutigt haben, die unser Selbstvertrauen erneuert oder gefestigt haben.
– Gedanken-Pause –

Wir erinnern wohltuende und hilfreiche Begegnungen und Erlebnisse, die unseren emotionalen Tank aufgefüllt haben mit Wertschätzung und Liebe, mit Respekt und Achtung.
– Gedanken-Pause –

Und wir alle tragen in uns Visionen, Träume und Hoffnungen von Heilsein oder Heilwerden, von Veränderung unseres Charakters und Lebensgrundmusters, von veränderten Bedingungen, die wir bewusst oder unbewusst anstreben.
– Gedanken-Pause –

Nicht alle Erinnerungen, Bilder und Prägungen, die in unserem Unterbewussten gespeichert sind, sind uns präsent, deutlich vor Augen oder gleich intensiv bewusst. Viele alltägliche Abläufe, aktuelle Anlässe und starke Eindrücke überdecken oft frühere Wahrnehmungen, das ist auch gut so. Es geht jetzt auch nur um das, was uns heute Abend lebendig wurde; denn das und nur das hat auch einen aktuellen Bezug zu unserer heutigen Situation.

Umsetzung in gestaltendes Tun:

Material: verschiedene Drucke, Kunstdrucke, Kalenderbilder, Klebstoff, Wachsmalstifte, Temperafarben, Pinsel, Lappen, Scheren, Messer.

Jede/r sucht sich aus den vorhandenen Bildern eines aus, das sie/ihn nach dem Gehörten und Erinnerten anspricht, und legt es vor sich hin. Jede/r notiert einige Stichworte, die spontan dazu einfallen.

Vorstellung der Technik „ÜBERMALUNG“:

Die Übermalung kann ganz verschiedene Ausprägungen haben:
• Etwas, was da ist, vollständig zudecken,
• was da ist, zudecken und etwas anderes, Neues darüber gestalten,
• das Vorhandene teilweise abdecken oder verändern,
• die vorhandene farbliche Stimmung verändern,
• Details hervorheben, verändern,
• das Umfeld von Details verändern ...

Die Möglichkeiten sind unbegrenzt, wie es uns unsere Fantasie, Spielfreude und unser Gestaltungswille eingibt. Haben wir keine Angst vor der scheinbaren heilen Welt so eines Bildes (auch Scheren und Messer sind zur Bearbeitung da!).

Hinweis: Übermalung kann auch Aggressivität und Wut freisetzen. Wer das spürt, macht eine Pause, geht an die frische Luft oder sucht das Gespräch mit der/dem Anleitenden. Sollte bei einer/m Teilnehmenden eine totale Blockade gegenüber dieser Technik auftreten, kann, wenn das gewünscht wird, in einem vorsichtigen Gespräch über den Umgang mit- und die persönliche Deutung von Veränderungen im Alltag gesprochen werden. Es besteht keinerlei Druck oder Leistungs-Erwartung in Gestaltungszeiten, jede/r ist frei, das zu tun, was ihr/ihm angemessen scheint.

Die Gestaltungszeit beträgt etwa 30–45 Minuten (oder nach Bedarf auch länger).

Wenn unser Bild vorerst „fertig“ ist, notieren wir uns wieder einige Stichworte, die uns dazu einfallen.

Austauschrunde:

Mit den Stichwortnotizen kann jede/r etwas mitteilen von dem,

- was dieser Gestaltungsprozess ausgelöst oder bewegt hat,
- wie das Bild zuvor aussah und was ich jetzt darin sehe,
- welche Hoffnungen und Träume ich habe,
- welche Ängste, Aggressionen, Wut etc. zum Vorschein kamen.

Hinweis: Das, was jede/r von uns sagt, ist eine persönliche Mitteilung, und als solche wollen wir sie auch respektieren und behandeln, d. h., wir diskutieren sie nicht und enthalten uns auch persönlicher Deutungen oder Kommentare zu den Bildern der anderen. Wenn wir eine Rückfrage haben, fragen wir einander nach, ob es möglich ist.

Anlage 1: Symbole und ihre Bedeutungen

A und O, Alpha und Omega – Christus der Anfänger und Vollender, der Herr Himmels und der Erde.

Ähre – Zeichen des Brotes als Leib Christi im Abendmahl, Lebensbrot

Anker – Symbol der Hoffnung und bleibenden Zugehörigkeit zum Reich Gottes, Bild des Glaubens, sichere Ruhe in Christus.

Auge – Gegenwart und Nähe Gottes, der wacht und sieht.

Baum – Lebensbaum, Christus als der Ursprung des Lebens, das wächst und sich ausbreitet. Er ist der Lebensraum, in dessen Zweigen Vögel („Menschen des Heiligen Geistes") wohnen können.

Blatt / Pflanze – Wie alles dem Licht entgegenwächst, streckt auch ein Christ sich aus zur Liebe und Wahrheit Gottes in Jesus Christus, dadurch wächst alles Gute in ihm zur Ehre Gottes.

Davidsstern – Zeichen der Juden und der jüdischen Hochfeste.

Engel – Bote, Beauftragte, durch Gottes Wort und Auftrag Bewegte im Dienst für die Menschen.

Fenster, geöffnet – Offenheit und Hinwendung zu Gott im Gebet.

Feuer – Zeichen der Anwesenheit Gottes, Bild des Heiligen Geistes als „feurige Begeisterung" der Glaubenden, Hinweis auf die Läuterung durch Leiden.

Fisch – Gegenwart Christi beim Abendmahl und der Taufe, Erkennungszeichen der ersten Christen.

Frucht – Bild der Tugenden des Heiligen Geistes, die in einem Leben mit Christus immer deutlicher zum Vorschein kommen.

Fuß – Zeichen der bedingungslosen Hingabe, der Bereitschaft zum Aufbruch und zum Unterwegssein als Pilger/in.

Hand – Eine Hand allein bedeutet die Gegenwart Gottes. Die „Hand Gottes" ist Zeichen seiner Kraft. Hand ist der Hinweis auf Handlung, besonders für Segen und Schutz.

Haus – Zeichen der Geborgenheit unter Gottes Schutz und des Heimatrechtes im Himmel.

Herz – Zeichen für das innere Leben des Menschen, es weist auf den Mut und den Willen des Menschen und seine Gesinnung der „Liebe aus reinem Herzen" hin.

Herz-Kreuz – Symbol der Zugehörigkeit zu Christus und des Gehorsams gegenüber seinen Worten und Weisungen.

Kerze – Zeichen der Ehrerbietung für eine Person. Wachs und Flamme sind Hinweis auf die zwei Naturen Christi, ganz Mensch und ganz Gott.

Kreuz-Weg – Unser Leben als Raum der Entscheidung für Christus.

Krone – Zeichen der königlichen Würde Jesu Christi und Hinweis auf das „königliche Priestertum der Glaubenden".

Krug – Bild unseres Lebens, das mit allen guten Gaben des Heiligen Geistes erfüllt sein soll.

Leuchter – Hinweis auf Jesus, das Licht der Welt, der erleuchtet, Bild des ewigen Lebens.

Mond – Das Licht der Nacht, Zeichen für den Glauben in schweren Zeiten und für die Beständigkeit.

Rad – Symbol der Ewigkeit, der Lauf der Zeit, das Leben, bei dem Christus in der Mitte ist.

Schiff – Bild der Gemeinde, die unter der Leitung Jesu Christi durch das Meer der Zeit unterwegs ist zur Ewigkeit.

Sonne – Hinweis auf die Auferstehung Jesu und sein lebensspendendes Heil für alle Menschen: Er will, dass unser Leben gelingt.

Spirale – Bild für unseren Lebensweg von der Geburt bis zur Vollendung, Zeichen der Ausdauer.

Stern – Hinweis auf Christus, den hellen „Morgenstern", der verheißene Messias, der die Nacht der Welt erhellt.

Taube – Symbol der Tugend und des Heiligen Geistes, Hinweis auf die Taufe und das neue Leben in Christus.

Traube – Zeichen der Frucht des Weinstockes als Blut Christi im Abendmahl.

Wasser / Tropfen – Neues Leben, frische Lebenskraft, Jesus sagt: „Ich bin das Wasser des Lebens". Bild der Reinigung.

Wolke – Zeichen der verhüllten Gegenwart Gottes.

XP – Griechische Anfangsbuchstaben von Christus (Chi, Rho), auch als PAX (lat. Frieden) Christi gedeutet.

Anlage 2: Bibelverse für das Symbol „Auge"

1. Samuel 16,7	Psalm 17,8	Psalm 145,15
2. Chronik 6,40	Psalm 19,9	Sprüche 22,9
2. Chronik 16,9	Psalm 25,15	Sprüche 23,26
Psalm 13,4	Psalm 139,16	Jesaja 43,4
Psalm 16,8	Psalm 141,8	Matthäus 6,22

11. ERLEBNISPROGRAMM MIT BILDERN

Einleitung: Dieses Kapitel handelt davon, wie „moderne" Bilder helfen können, biblische Geschichten und menschliche Erfahrungen zu erschließen. Als ich vor einigen Jahren an der Herausgabe einer Bibel für junge Leute mitarbeitete, entschlossen wir uns, die biblischen Erzählzyklen durch Bilderzyklen hauptsächlich moderner Künstler zu ergänzen. In einer Reihe von Seminaren entwickelte ich daraufhin die hier beschriebenen Experimente zur Erschließung abstrakter Bilder im Kontext der biblischen Botschaft.

Woher kommt es, dass viele von uns Schwierigkeiten im Umgang mit moderner Kunst in Gemeinde und Schule haben? Kann es sein, dass vor allem reformatorisch geprägte Christen des Abendlandes eine oft nicht bewusste, aber trotzdem wirksame Erbmasse mit sich tragen, die nachhaltig prägt? Ein „Gen" dieser Erbmasse heißt z. B. „Bildersturm", ein anderes „Ernsthaftigkeit", ein weiteres „Priorität des Wortes", wir könnten leicht noch weitere finden.

In vielen Menschen steckt wohl noch ein geheimes Misstrauen gegen ungegenständliche Kunst, mehr noch, gegen jede Art von Spielerei; denn das Leben ist schließlich kein Spiel ... Aber ohne eine Liebe zum Spiel, ohne spielerischen Umgang mit bildnerischen Mitteln und Farben entsteht kein Kunstwerk. Künstler sind allesamt im Kern auch spielende Kinder in all ihrer Unberechenbarkeit, Launigkeit und Unbekümmertheit.

Dazu kommt ein Zweites: In unserer differenzierten Gesellschaft ist Kommunikation von der Notwendigkeit geprägt, Zusammenhänge schnell zu erfassen, Botschaften sofort zu verstehen, eindeutige Aussagen zu machen und Ziele möglichst geradlinig anzusteuern. Außerdem sind wir gewöhnt, eine Bilderflut zu rezipieren, ohne sie wirklich zu verarbeiten. Die mediale Bilderwelle wird durch eine Wortflut unterstützt, der ebensowenig nach-gedacht wird.

Dem steht eine geradezu erschreckende Armut und Unterentwicklung unseres Gemütes, unserer Empfindungen und Gefühle gegenüber. Wir haben Schwierigkeiten, innere Vorstellungen auszubilden oder sie zu artikulieren, da wir kaum mehr geübt sind, sie überhaupt wahrzunehmen. Wie viel Zeit nehmen wir uns denn für Besinnung, Meditation, zum nachsinnenden Gehen, zum bewussten Nachspüren und Empfinden?

Ein Drittes: Vielleicht waren wir es gewöhnt, eindeutige, illustrierende Bilder zu bestimmten biblischen Geschichten von Kindheit an vorzufinden. Das waren meist Erzählbilder im Stil einer fernen Zeit, in uns ferngewordenem Ambiente und darum heute oft auch uns fernen Geschichten. Aber alles war eindeutig: Krippenszene, David und Goliat, Zachäus im Baum ...

Abstrakte Bilder verweigern sich diesem gewohnten, schnellen Zugriff, der eindeutigen Festlegung. Das ist nicht zufällig. Die Bilder wollen eine Herausforderung zum Besinnen, Verweilen und auch Experimentieren sein. Wir müssen die Zugangswege suchen. Bildzyklen wollen erschlossen sein, und das nicht durch ein starrendes Hindurchsehen wie bei 3-D-Bildern, sondern eher durch ein kreatives und geduldiges Hineinsehen.

Kann es sein, dass wir mit manchen Bildern Schwierigkeiten haben, weil sie außerhalb unserer Sehgewohnheiten liegen, weil sie sich scheinbar unserem spontanen Zugriff verweigern? Das ärgert doch auch!
Dabei müssen wir nur lernen, die Zugänge von den Bildern selbst bestimmen zu lassen. Ich kann ja auch nicht eine Mahlzeit erkennen, indem ich ein Foto davon betrachte, hier muss gegessen, gerochen, gesehen und geschmeckt werden. Der Erkenntnisgegenstand bestimmt immer die Erkenntnis-Methode! So wie Texte gelesen, vorgelesen, gehört und selbst vorgetragen sein wollen, so haben auch Bilder ihnen eignende Zugangswege.

Zunächst geschieht das über unsere Augen. Aber: Sehen wir wirklich? Oder sehen wir nur, was wir sehen wollen, was wir auch zu deuten vermögen? Sehen ist immer personenbezogen, subjektiv, selektiv. Was ich sehe, hat mit mir als ganzheitlicher Person zu tun, mit meinen Vorlieben und Prägungen.

Bestimmte Farben wecken bestimmte Emotionen und Empfindungen, die mit Vorerfahrungen und Erlebnissen verknüpft sind. Auch in unserer Sprache spiegelt sich das, wenn wir sagen „feuerrot", „blutrot", „himmelblau", „nachtblau", „taubenblau", „giftgrün", „kohlrabenschwarz". Was aber empfinde ich bei rot, blau, schwarz ...? Wie wirken klare, leuchtende Farben auf mich und wie eher abgedunkelte, vergraute? Wann kleide ich mich lieber gedeckt, wann lieber leuchtend oder auffallend? Wie unterscheiden sich die Farben der Jahreszeiten? Wie verändern sie sich in ihrer Strahlkraft oder Intensität und Charakter je nach Lichteinfall und Beleuchtung? Das ist ein sehr individuelles Geschehen und hat mit meiner je eigenen Befindlichkeit und An-Schauung zu tun. Dies gilt es als Voraussetzung unseres gemeinsamen Entdeckens festzuhalten.

Nicht alles, was hier vorgestellt wird, kann so nahtlos in Schul- oder Gemeindegruppenalltag transferiert werden. Es geht vielmehr darum, zunächst für uns selbst Zugänge zu ermöglichen, die dann modifiziert um- und eingesetzt werden können. Wenn es uns gelingt, diesen ersten Schritt zum eigenen Zugang zu finden, haben wir schon viel erreicht. Die Beispiele können unsere Kreativität stärken und uns zur Spielfreude ermutigen.

Schließlich: Es gibt keinen Grund, Angst oder Scheu vor Bildern oder Texten zu haben, die sich uns im Moment nicht erschließen, zu denen wir jetzt gerade keinen Zugang finden. Manches öffnet sich in anderen Lebenssituationen, manches bleibt vielleicht auch immer rätselhaft. Dies ist auch im Umgang mit der Bibel legitim und hat gute Tradition.

Die vorgestellten Zugangswege sind kleine Schritte, die ermutigen sollen, kreativ und unbefangen mit Bildern umzugehen. Behandeln wir Bilder nicht als unantastbare Kunstwerke – und halten wir es nicht für ein Sakrileg, sie zu verändern, zu bearbeiten, mit ihnen zu spielen und sie sich uns zu eigen zu machen, dann kommen wir ihrer eigentlichen Bedeutung und Aufgabe, Kommunikation zu ermöglichen und anzuregen, schon sehr nahe.

Hinweise: Die bearbeiteten Bilder befinden sich größtenteils in „Die Nacht leuchtet wie der Tag, Bibel für junge Leute", Diesterweg 1992, die in der EKHN in allen Grundschulen seit 1990 an die Schüler/innen der 3. Klassen verschenkt wird und damit zur Verwendung im Unterricht auch in Sek. I zur Verfügung steht.

Die vorgestellten Experimente beziehen sich jeweils auf ganz bestimmte Bilder. Es kann meines Erachtens nur gelingen, ein Bild zu „erkennen", wenn der Erkenntnisweg sich konkret auf ein einzelnes Bild bezieht und die spezielle Technik (z.B. Übermalung oder Collage) aufgreift und in die Bilderschließung mit einbezieht. So gibt das Bild selbst den kreativen Ansatz vor und birgt in sich ein Geheimnis, das wir als Schlüssel zu entdecken vermögen. Dies kann sowohl über die Farbe, die Form, den Aufbau oder die Technik geschehen, wie über Hinweise, die ein/e Künstler/in durch den Titel, seine eigene Lebensgeschichte oder den Ort und die Zeit der Entstehung aufzeigt. (Zu 10.1 bis 10.3 siehe auch die Ausarbeitungen in Kapitel 3, S. 33 ff.)

11.1 Experiment: Blau

Ein dunkelblaues Chiffontuch liegt über einem hellblauen Tuch auf dem Tisch (das helle Tuch scheint etwas durch). Das Tuch ist glatt ausgebreitet.

Wir betrachten es 60 sec lang und notieren unsere Eindrücke und Empfindungen.

> An was erinnert mich diese Farbe? Was fühle ich dabei? Erinnert mich diese Farbe an ein Erlebnis?

Unkommentiertes (!) Vorlesen unserer Stichworte.

Es wird deutlich: Wir nehmen sehr subjektiv und unterschiedlich wahr, je nach unserer Persönlichkeit und unseren Sehgewohnheiten und persönlichen Vorerfahrungen.

11.2 Experiment: Rot auf Blau

Ich lege mit einer hastigen Bewegung ein rotes Chiffontuch „gezackt" über die blauen Tücher.

Wir betrachten wieder die Anordnung und notieren unsere spontanen Eindrücke in wenigen Sekunden.

Austausch unserer Assoziationen wie oben.

Deutlich wird: Die positiven und negativen Empfindungen treten stärker hervor. Die Reaktionen auf das Geschehen sind meist stark und emotional. Das hat mit der aggressiven Bewegung und der sehr aktiven Farbe zu tun. Wir entdecken, dass das rote Tuch auf blauem Grund uns gleichsam eine persönliche Botschaft vermittelt. Rot und blau haben als Farbe eine eigene Qualität und auch in ihrer Kombination eine eigene Aussagekraft.

11.3 Experiment: Rot und Schwarz auf Blau

Um diese Botschaft etwas weniger drastisch zu gestalten, liegen einige kleinere Formteile (Kreise, Dreiecke, Rechtecke, rohgerissene Schnipsel, Halbkreise – etwa Daumennagelgröße) aus roter und schwarzer Pappe bereit.

> Aufforderung: Bitte legen Sie damit eine frohe Botschaft
> (oder eine aufregende, ärgerliche ...).

Wer gelegt hat, muss nicht dazu sprechen, kann aber Kommentare abgeben. Die Botschaft wird von anderen verändert, es wird umgelegt, kritisiert etc. Es entwickelt sich meist ein Gespräch während der Aktion.

Nun werden drei Bilder von Joan Miró vorgestellt (Blau I, II, III 1961, VG Bild und Kunst, Bonn 1992).

Welcher Art ist die Botschaft in diesen Bildern?
Welche biblische Geschichte könnte zu dieser Bildserie passen?
Erinnern wir uns an Botschaftsgeschichten, Verkündigungsszenen?
Was möchte ich gern weitersagen?

Jede/r legt nun ihre/seine Botschaft auf blauem Grund und beschreibt sie mit wenigen Worten. Die Kurztexte werden reihum vorgelesen.

11.4 Experiment: Bilder nachlegen

Rote und blaue, cremefarbene und schwarze Chiffontücher liegen bereit.

Aufgabe: Betrachten Sie bitte das Bild von Emil Nolde, Freundin, (aus: Ungemalte Bilder 1938–45).

Das Bild wird entfernt.
Legen Sie bitte Ihre Bilderinnerung mit den Tüchern nach.

Veränderungen und Mitgestaltung durch die Anwesenden sind möglich.

Wir lassen das Arrangement auf uns wirken und sprechen über die Kraft und Bedeutung der Farben in dieser Zusammenstellung.

Wenn ein korrespondierender biblischer Text zu diesem Bild gewählt wird, der sich mit Nähe und Zuwendung beschäftigt (z.B. Jesusgeschichten), erhält dieser durch die Bildaussage einen besonderen Schwerpunkt, je nachdem ob unser Entdecken stärker das Motiv des liebevollen Zugewandtseins oder der Bedeutung des Dunkels o.a. wahrnimmt. Text und Bild können sich gegenseitig ergänzen und befruchten.

11.5 Experiment: Bildzerlegung

Eine Sehübung im ruhigen und entspannten Sitzen zu einem Bild von Jean Dubuffet, Sans Titre, 1985. Das Bild wurde zuvor mehrfach auf Overheadfolie kopiert und dadurch in Schichten zerlegt, die sich nun nacheinander übereinander legen und auch wieder entfernen lassen.

Manchmal gelingt ein Hineinsehen in ein Bild dadurch, dass man es in Teile zerlegt und dann neu zusammensetzt, eventuell auch vertauscht oder umstellt.

Aufforderung: Lehnen Sie sich zurück, atmen Sie ruhig durch. Ich erzähle Ihnen eine Urgeschichte, eine Geschichte von Gott und vom Menschen.

Folie 1: Leuchtend-blauer Rand, weißes Innenfeld, die grafischen Farbspuren in rot-gelb-hellblau wurden entfernt

„Im Anfang war Gott,
Himmel und Meer berührten sich noch
und sangen ein gemeinsames Lied
der Freude am Schöpfer.
Und inmitten von Wasser und Himmel
leuchtete es hell auf,
ein Raum aus Licht und Freude,
ein Spielraum,
ein herrlicher Freiraum in geschütztem Rahmen für die Menschen,
mit denen der Schöpfer in Beziehung leben wollte.
Und er schenkte Mensch und Mensch den freien Raum und
sagte:, Liebt! Liebt euch! Liebt mich! Füllt alles mit Liebe!'"

Folie 2: Nachzeichnung von Emil Nolde, Freundin (s. o.), zwei Köpfe, einander zugewandt, Bild inniger Vertrautheit

„Und Gott sah, dass es gut war.
Und es wurde Abend und es wurde Morgen –
ein neuer Tag."

– Stille zum Betrachten –

Folie 3: Blauer Rand mit schwarzer Übermalung
(mit Wachsmalstiften)

„Doch eines Tages verdunkelten sich Himmel, Erde und Wasser,
ein Sturm des Aufruhrs durchzog die Schöpfung,
schwarzes Misstrauen machte sich breit;
denn der Mensch dachte: , Sollte Gott gesagt haben ...?'
Und der Spielraum der Freiheit
wurde zum Gefängnis der Selbstsucht.
Und der Mensch schrie:
, Gott engt uns ein!'"

210

„So zerstörte der Mensch,
was gut und heil,
was froh und heiter gewesen war,
und mordete die Liebe.
Seitdem sehnt sich die Schöpfung,
seitdem sehnt sich der Mensch nach Erlösung.“

– Kurze Stille zum Nachdenken und Austausch der persönlichen Eindrücke. –

Kennen wir Geschichten einer zerstörten guten Ordnung? (Zum Beispiel die Geschichte von David und Bathseba, eine Geschichte, in der die Konsequenzen der Missachtung von guten Grenzen Gottes sichtbar werden? Aber auch eine Geschichte voller Hoffnung durch Umkehr und Vergebung.)

Welches Bild möchte ich in der Mitte haben?

S/W-Kopien des Rahmens mit angedeuteter Innenfläche liegen bereit. Mit Wachsmalstiften kann jede/r ihr/sein eigenes Bild einer heilen oder geheilten, einer guten oder erwünschten Beziehung zwischen Gott und Mensch malen.

11.6 Experiment: Bilder tanzen

Die Bewegung der Farben und Formen eines Bildes lassen sich auch sichtbar machen durch die Bewegungen unseres Körpers, dies kann unterstützt und erleichtert werden durch Tücher, die leicht fließen und unsere Bewegungen verstärken.

Wir betrachten das Bild von Karel Malich „Licht I“ (auch: „Licht VI“, Karel Malich, Prag): Wir sehen sieben wellenförmige, parallele Bewegungen, halbkreisförmig umzeichnet in dunklerem Raum, durchgestrichen am Beginn des ersten von drei Wellenbogen, Assoziationen von Licht- oder Schallwellen.

Wir experimentieren mit der Umsetzung in Arm- und Beinbewegungen und schwingen die Tücher entsprechend. Wir tauschen darüber aus, was bestimmte Bewegungen in uns bewirken, welche Empfindungen sie auslösen. Diese subjektiven Erfahrungen können uns helfen, das Bild für uns zu deuten.

Bilder tanzend oder sich bewegend zu erschließen, gelingt meist leichter mit leiser Hintergrundmusik und fordert eine langsame Hinführung und Einübung. Es geht darum, der Pinselbewegung des Künstlers auf die Spur zu kommen.

11.7 Experiment: Übermalung

Manchmal ist es eine Hilfe, wenn wir unsere eigene Vorstellung in ein vorhandenes Bild hineinarbeiten können. Dazu werden s/w-Kopien von Bildern hergestellt (mit sehr heller Einstellung), sodass Raum ist zu eigener Farbgebung und Farbgestaltung.

Beispiel: Ikonenartige Gesichter von Alexej von Jawlensky (Kopf mit offenen Augen, 1901; Stilles Leuchten, 1904; Warmes Licht, 1905; Urform, 1904 o. a.)

Diese beinahe archaischen Formen reduzieren das menschliche Gesicht auf seine Grundstruktur. Sie alle arbeiten mit dem „Kreuz-in-mir-Zeichen".

Zur Verdeutlichung halte ich eine Klarsichtfolie mit aufgemaltem Kreuz.

Assoziationsübung: Was fällt mir bei dieser Form ein?
Spontane Eindrücke werden mitgeteilt und ausgetauscht:
durchkreuzt, zerteilt, aufgeteilt, gekreuzigt, über Kreuz liegen, jemanden aufs Kreuz legen, ein Kreuz tragen, Kreuzung, Scheideweg, Feldkreuz, Wegkreuz, Grabstein, Schmuckkreuz, Fensterkreuz, Todessymbol, schweres Schicksal, Himmel und Erde berühren sich ...

Ich lege die Folie über mein Gesicht: Der Querbalken liegt über den Augen, der senkrechte Balken reicht über Stirn und Nase zum Kinn. Das Kreuz befindet sich auch in meinem Körper: der Querbalken als Schultergürtel und der senkrechte Balken vom Kopf über den Rücken hinab.

Übung: Spüren wir dem Kreuz in unserem Gesicht, in unserem Körper nach, in seiner Auf- und Abwärtsbewegung, in seiner Ausbreitung, in seiner stützenden Funktion in meinem Rücken – mein Kreuz trägt mich, hält mich aufrecht. Manchmal schmerzt das Kreuz.

Mein Gesicht ist immer auch Spiegel und Abbild meiner Lebensgeschichte, die eingegrabenen Linien, die Furchen und Runzeln, die gegerbte Haut, die blasse oder dunkle Tönung, die Durchblutung ...

Verschiedene s/w-Kopien von Jawlensky-Bildern liegen bereit. Jede/r wählt sich ein Gesicht aus und gestaltet es persönlich mit Wachsmalstiften nach Vorliebe und spontaner, aktueller Eingebung: „Ich – Geschöpf Gottes". Der individuelle, expressive Umgang mit der Farbe wird zum Erlebnis.

Wir stellen uns mit „unserem Gesicht" einander vor.

Ergänzender Texthinweis: Geschichten von Lebenswegen und Lebenssituationen, z.B. des Abraham, der Ruth, eines Elia, eignen sich gut als Vorbereitung oder zur vertiefenden Bearbeitung des Themas. In einem zweiten Gestaltungsbogen können dann in die Gesichter-Vorlagen Stationen und Stimmungen aus dem Leben einer biblischen Person eingezeichnet werden.

11.8 Experiment: Bild-Puzzle

Ein Bild in Einzelteilen wahrnehmen, es zusammensetzen und im Verbinden der Teile das Ganze entdecken.

Sechzehn Puzzleteile des Bildes von Pablo Picasso, Sitzende Frau in einem Sessel, 1948, liegen zerstreut auf einem Tisch. Das Bild wurde entlang der klaren, gezeichneten Linien zerschnitten. Wir versetzen uns in die Rolle eines Detektivs, der einen schwierigen Fall aufklären soll. Die Frage lautet: „Was ist mit der Frau?"

Jede/r wählt ein Puzzleteil, stellt es in der Runde vor und gibt zu diesem Teil eine fiktive Erklärung/Deutung oder Hypothese:

„Ich habe hier eine Hand – sie wurde geschlagen."
„Ich habe einen Stab mit Kugel, es ist ein Zepter, die Frau war eine Regentin ..."

Gemeinsam entsteht eine Geschichte.

Danach wird das Bild zusammengesetzt. Es wird deutlich, dass die Schwierigkeit, dieses Bild zusammenzusetzen mit der Schwierigkeit, der Wahrheit über Menschen auf die Spur zu kommen, korrespondiert.

Es ist nicht leicht, das wahre Bild eines Menschen zu entdecken. Kennen wir biblische Geschichten, in denen es schwer wurde, eine Person gerecht zu beurteilen oder zu behandeln?

Beispiel: *Jesus und die Ehebrecherin* (Johannes 8,1–11)

11.9 Experiment: Schnellstrich-Skizze

Ein ganz einfaches Verfahren kann uns helfen, ein Bild, das uns Schwierigkeiten bereitet, zu entschlüsseln oder zumindest eine Spur für eine Deutung zu finden:

Die Schnellstrichskizze: Wir betrachten ein Bild eine Minute lang, dann nehmen wir Bleistift und Papier und skizzieren mit raschen Strichen in 15 sec (!), was uns in Erinnerung geblieben ist.

Die Herausforderung zum zügigen und schnellen Skizzieren zwingt zur Reduktion auf das, was mir als Wichtigstes aufgefallen ist. Meist kommt dabei das für mich Wesentliche zum Vorschein oder es zeigt sich ein möglicher Schlüssel zur deutenden Betrachtung.

Vielleicht führt meine zeichnende Hand eine sehr ausdrucksstarke Bewegung durch, die ein Hinweis auf im Bild verborgene Emotion wird, vielleicht entdecke ich eine umfassende oder dominante Figur oder ein Zeichen, eine Gesamtkomposition z.B. in der Diagonalen, im Kreis, oben, unten, in der Mitte etc. Es kann auch sein, dass ich entdecke, worauf sich mein Sehen zunächst einlässt, dies wird zum Spiegel meiner Sicht.

Im Mitteilen dieser vielen Einzelaspekte unserer persönlichen Skizze kann ein Deutungsweg entstehen.

11.10 Experiment: Bild-Synthese

Manche Künstler, wie z.B. Paul Klee, arbeiten mit grafischen Zeichen und Symbolen. Wenn man diese zunächst aus dem Bildzusammenhang isoliert, erhalten sie ihre allgemeinverständliche Bedeutung zurück und bieten oft einen überraschenden Zugang. Hat der Künstler seinem Bild einen Titel gegeben, bietet dieser einen Hinweis auf mögliche Gestaltungsideen.

Beispiel: Paul Klee, Götzenpark, 1939 (oder: Garten im Orient, 1937) Das Bildthema erinnert an Paulus auf dem Areopag in Athen, als er die verschiedenen Tempel aller möglichen Götter betrachtete und dabei auch den Altar des unbekannten Gottes entdeckte.

Das Bild als DIN-A3-Farb- oder s/w-Kopie wird bearbeitet. Die sieben Farbflächen werden ausgeschnitten, übrig bleibt ein schwarzes Wege-Raster.

Der Bildtitel animiert zu einem Experiment:
Wir haben die Aufgabe, eine Parkanlage zu gestalten (das Wege-Raster ist die Parkfläche). Jede/r darf in diesem Park ein Denkmal oder ein Monument aufstellen.
Was ist mir besonders wichtig und teuer? Was ist mein Gott?
Was konkurriert mit Gott in meinem Leben?

Die vorhandenen Einzelteile stehen zur Identifikation zur Verfügung.

Wir interpretieren unsere Deutung hinein, mit Wachsmalstiften können wir (bei s/w-Teilen) durch die Farbgebung unsere Deutung verstärken. Dann „bauen" wir die Parkanlage aus unseren Einzelteilen.
Wo ist ein Ziel, ein Weg? Gibt es eine Mitte?
Welches Denkmal ist maßgebend?
Soll mein Lebensgarten so aussehen?

Als Erweiterung kann sich eine eigene „Garten- oder Parkgestaltung" mit dem, was mir wichtig und wertvoll ist, anschließen. Das Bild von Paul Klee bleibt als Anregung präsent.

11.11 Experiment: Sehspaziergänge

Stimmungen und Gefühle kommen in vielen abstrakten Bildern deutlich zum Ausdruck.
Beispiel: Jerry Zeniuk, Untitled N° 131, 1989 (oder: N° 113, N° 126; Konrad Fischer, Düsseldorf)

Mit Hilfe eines Dias oder einer Farbvergrößerungskopie und leiser, meditativer Musik lassen sich betrachtende Seh-Spaziergänge durchführen.
„Wandern Sie mit den Augen über das Bild.
Wo beginnen Sie? Wo enden Sie?
Welcher Ort lädt ein zum Verweilen?
Wo möchten Sie lieber schnell weitergehen?
Gehen Sie zweimal durch das Bild.
Zeichnen Sie Ihre Wegstrecke auf einem weißen Papier nach."

Mit biblischen Texten ergeht es uns oft ähnlich, sie erschließen sich bei mehrmaligem „Hindurchgehen", Verweilen und Anhalten leichter als bei flüchtigem Lesen.

Im Anschluss daran könnte ein Stimmungs-Farben-Bild zu einem Gebet, einem Psalm oder Lied gestaltet werden (mit Flaschenfarben, z.B. von Efa-Color, oder Wachsmalkreiden).

11.12 Experiment: Bildausschnitte

Die individuelle Sicht eines Bildes zeigt sich, wenn wir ein Bild durch „mein Fenster" betrachten.

Dafür sind aus weißen oder grauen DIN-A4-Blättern für jede/n rechteckige Fenster in der Größe 5×10 cm oder 9×13 cm (oder runde, ovale o. a.) ausgeschnitten.

Manchmal ist es eine Hilfe, Teile eines Bildes abzudecken, ein Fenster darüber zu legen, um einen Ausschnitt zu sehen, um einen Schwerpunkt zu setzen. So ein Ausschnitt kann viel Einblick in die individuelle Sehweise geben. Inmitten eines Bildes habe ich dann „mein Bild" gefunden.

Welchen Ausschnitt wähle ich? Warum?
Was bedeutet das für mich?

Wir können danach „unser Bild" malen oder mit Worten beschreiben.

11.13 Experiment: Kopier-Bearbeitungen

Die Möglichkeiten der Farbkopie und des Laminierens eröffnen ungeahnte Möglichkeiten, mit Bildern zu spielen und zu experimentieren.

So können z.B. eigene Versuche mit gelegten Tüchern auf der Platte des Kopierers durchgeführt und festgehalten werden. Es entstehen – ähnlich wie in der Musik bei Variationen eines Themas – verschiedene Interpretationen des Ur-Themas als Abbild der schöpferischen Kraft in jedem Menschen.

Laminierte Bilder (farbig oder s/w) lassen sich mit wasserlöslichen Overheadstiften oder Fensterfarben verändern und übermalen, um die eigene Sicht und Auslegung zu verdeutlichen.